박시태와
김영자
1956-2024

박시태와 김영자

1956 — 2024

시영담아재
時榮潭雅齋

° 프롤로그

내 어머니의 집

  이 책은 몇 년 전, 어머니 10주기를 앞두고 유가족인 저희 형제 가족들이 어머니의 삶을 되돌아보기 위한 내용으로 구상되었습니다. 어머니의 삶에서 구산동 집은 상징적인 장소였습니다. 어머니가 세상을 떠나신 이듬해에 그 집은 자식들에게 평등하게 상속되기 위해 팔리고 헐리어 이제 그 자리에는 빌라 건물이 들어서 있습니다. 하지만 해마다 어머니를 추모할 시기가 되면 저는 본능적으로 어머니의 집이 있었던 그곳을 배회하곤 했습니다. 어머니의 집은 어머니의 가계부 일기와 함께 추모행사 때마다 기억에서 되살려지고 읽혔습니다.

  하지만 어머니의 삶을 아버지의 삶과 분리해 생각하는 것은 불가능했습니다. 그래서 저는 어머니와 아버지의 공동의 삶이 시작된 1956년을 출발로 삼아, 지난해부터 조금씩 사진과 자료, 글들을 서로 꿰어맞추기 시작했습니다. 이 과정에서 저는 두 분의 삶에 대해 언제나 제 가슴속에서 퍼즐 조각처럼 해명되지 못했던 부분들을 이번 기회를 통해 밝혀보려고 애를 썼습니다.

이 책의 핵심은 두 분의 모습이 담겨 있는 사진들, 그리고 어머니의 집 이야기와 가계부 이야기, 두 분이 남기신 글들입니다. 한국 사회에서 교사의 삶, 종교인의 삶이 어떤 것인가에 관해서는 다양한 스펙트럼이 있을 것입니다. 그러나 이 책은 1960년대와 1970년대, 1980년대의 한국의 학교, 한국의 교회가 어떤 지식인들과 가족들의 헌신적 태도에 의해 성취되어 온 것인가를 증명해 주는, 또렷하고 진실한 한 줄기 스펙트럼입니다. 저는 두 분의 딸로 가장 많은 사랑과 기대를 받고 자랐으면서도 가장 많은 상처를 두 분과 형제들에게 입힌 사람입니다. 제가 부모님과 형제들에게 드릴 수 있는 참회의 선물은 이 작은 사진집 한 권뿐입니다.

그러나 이 책을 이러한 모습으로 출간할 결심을 한 것은 혈연으로 이어진 저의 가족과 형제들, 그리고 그들이 스스로 일궈가게 될 또 다른 가족들에게 두 분의 삶의 의미를 함께 나누려는 것에만 그치지 않습니다. 현재 한국 사회에서 교사로 산다는 것, 종교인으로 산다는 것은 점점 더 본질적 의미가 위협을 받는 실정입니다. 그래서 이 책의 본문에서 두 분의 호칭을 아버지와 어머니로 하지 않고 성함을 직접 기입하였습니다. 이 두 분의 삶이 단지 특정한 한 가족만의 삶이 아니라는 저의 믿음은 이 책을 만드는 내내 더 확실해지고 있습니다.

아무쪼록 이 작은 사진집이 교사 가족들, 종교인 가족들, 그리고 그런 가족으로 살아가게 될지 모르는 수많은 분에게도 작은 위안과 힘이 될 수 있으면 좋겠습니다.

여러 가지로 부족한 자료들에도 불구하고 이렇게 아름답고 정갈한 한 권의 책으로 만들어 주시느라 애써주신 도진호님, 한대웅님, 마이라이프 편집부 여러분께 깊은 감사의 말을 전합니다. 할아버지 할머니의 발자취를 찾아 직접 대구 계성고등학교 교정과 의성 도리원교회를 방문하여 현재 모습을 사진으로 담아 온 두 분의 손녀이자 제 딸인 희원이에게도 고마움을 전합니다. 두 분의 삶을 추모하는 글을 써주신 분들께도 감사의 마음을 전합니다. 저희가 더 좋은 사람으로, 더 좋은 삶을 사는 것만이 이 모든 고마움에 보답하는 길이라고 생각합니다.

2024년 박시태와 김영자 딸
박정원 배상

박시태와 김영자
1956-2024

초판 1쇄 발행 2024년 10월 15일

지은이 박정원
펴낸이 한대웅

편집 한대웅
표지디자인 장상호
본문디자인 시여비

펴낸곳 마이라이프
출판등록 제2021-000024호
주소 서울 마포구 양화로 56 1521호
전화번호 010-3233-1714, 02-332-9384
이메일 starhdw@naver.com
블로그 blog.naver.com/starhdw

ISBN 979-11-975755-4-9 (03990)

*책값은 표지 뒤쪽에 있습니다.
*잘못된 책은 구입하신 서점에서 교환해드립니다.
*이 책은 저작권법에 의하여 보호를 받는 저작물이므로
무단 전재와 복제를 금합니다.

차례

004	프롤로그 _ 내 어머니의 집
011	1장 _ 혼인 : 유교와 기독교
029	2장 _ 서울로 : 학업과 취직, 육아
055	3장 _ 교사 가족 여덟 식구의 내 집 마련기
071	4장 _ 구산동마을 집 이야기
089	5장 _ 40대에 다시 신학 공부를 시작하다
111	6장 _ 동신교회 목회자와 사모의 삶
129	7장 _ 시련과 투병, 이별
155	8장 _ 목회자 사모에서 권사로 다시 시작하다
173	9장 _ 구산동마을 집, 두 번째 이야기
191	10장 _ 박시태의 노트와 10주기 유고집
213	11장 _ 김영자의 가계부 일기와 '흰 봉투'
235	12장 _ 네 개의 노래
250	에필로그 _ 꿈을 꾼 후에
255	추모글
262	공동연표

1

혼인 : 유교와 기독교

박시태와 김영자
1956-2024

우리에게 사랑과 함께 가혹한 운명의 삶을 허락하신 하나님, 길이길이 이들과 함께 계시소서.

1

　박시태는 1935년 일본 나가사키 근처에서 박용준 씨의 외동아들로 태어났다. 해방 후 박시태 가족은 귀국하여 경북 의성군 봉양면에 정착한다. 한국전쟁 시기, 박시태는 대구로 나와 기독교계 학교인 영신(永信)중학교, 계성(啓聖) 고등학교를 다닌다. 이들 학교에 다니면서 박시태는 성직자의 삶을 살겠다는 서원(誓願)을 한다. 훗날 그는 자신의 설교 노트에서, 전쟁이 어떤 사람들에게는 파괴와 불행이 되기도 하지만 어떤 사람들에게는 기회와 행운이 되기도 한다는 것, 그리고 자신은 전자보다는 후자에 가까웠다고 회상한다. 박시태는 1955년 서울대학교 문리대학 종교학과에 입학한다. 결혼하던 해 그는 서울대 2학년 대학생의 신분이었다.

　김영자는 1935년 경북 의성군 봉양면 의성 김씨 종가 집안 김동인씨의 둘째 딸로 태어났다. 그녀는 의성 지역에 세워진 교회 부속학교 및 안동과 대구 지역에 보급된 여성들을 위한 성경학교에서 성가대와 주일학교 교사, 오르간 반주 등의 활동을 한다. 1956년 김영자는 선교사가 세운 경안고등성경학교(현재 안동 경안대학원대학교의 전신)를 졸업하고 같은 해에 박시태와 결혼한다. 박시태와 김영자가 1956년 21세의 나이에 결혼식을 올린 곳은 경북 의성군 봉양면 화전동의 도리원 제일교회였다.

　12월 27일 두 사람의 결혼식은 도리원 제일교회에서 김기팔 목사의 주례로 치러진다. 결혼피로연은 신부의 집에서 열렸다. 신랑의 벗 최상선은 결혼식 날, 다음과 같은 축사를 남겼다.

오랜날을 두고 꿈꾸며 가슴 조여 고대하던 이 순간이 마침내 폭풍처럼 가슴을 휘몰아…벗이여 오늘이 그대에게는 태초이외다. 새로운 광명과 질서와 사랑이 오늘 그대 속에 창조되었소. 벗이여, 마음껏 기뻐하고 힘껏 노래하오. 영원이 그대의 눈을 감겨줄 때까지…사랑은 자기 생명의 각성, 자신의 무한한 환희, 자아의 확대만이 아니외다…우리에게 사랑과 함께 가혹한 운명의 삶을 허락하신 하나님, 길이길이 이들과 함께 계시소서(박시태 벗 최상선의 결혼축사 중에서).

한편 교회 신우 일동도 긴 두루마리에 축사를 써서 선물로 준다. 유병훈이 신우들을 대표하여 쓴 축사는 다음과 같다.

천지의 대주재이신 하나님의 오묘하신 섭리와 묘용에 귀일하여 세세연년 돌아드는 세묘와 함께 … 멀리 탄일의 기쁨 종소리 귓가에 호평하오시고 푸른 송죽의 절개 우아한 향기 온누리에 가득한 차제, 신랑 박시태군 신부 김영자양, 이 두 사람의 행복된 화촉지전에 … 아! 아름답고 귀하다 하나님의 섭리여, 오늘 이 마당에 복된 한 부부를 짝지어 주사 저들로 하여금 주의 묘하고도 심오한 경륜을 알게 하실 막막한 대우주의 자연법칙에 따라 저들로 하여금 고이 기르사 … 한창 귀여운 부부를 비호하소서. 하늘과 땅에 충만한 복락을 저희 가정에 내리소서. 이 땅을 살아가는 끝날까지 조물주의 풍성하신 은혜로 채워 주소서…하나님은

1

> 스스로 돕는 자를 도우시나니 시련중에 지조를 건고히 하여 그대 두 사람의 열성과 뜨거운 사람으로 맺어진 착실한 상호부조로써만이 이 모든 닥쳐오는 고배를 승리하여 … 자비와 인내로 이웃에 본이 되며 … 살아서 보람 있는 칠십년의 생을 이 땅에서 보낼 때 인생의 심대한 가치가 온전히 그 속에 내포될 것이외다.

이들의 결혼은 1950년대 한국 유교 문화와 기독교 문화가 어떻게 어우러지는지 짐작할 수 있게 한다.

신부 집안은 의성 김씨 종가 집안으로 대표적인 유교 문화 집안이다. 그녀는 양반가 딸로 어릴 적부터 경건한 제사를 보면서 자랐다. 집안에 일꾼들이 같이 살면서 집안 살림을 돌보았다. 오빠는 교장으로 재직했고 작은아버지는 일본에서 사업에 성공하여 부유했으나, 아버지 집안은 딸들까지 고등교육을 시킬 만큼 부유하지 못했다. 작은아버지 딸은 서울로 일찍 상경하여 이화여대 법대생이 되었고, 여동생과 언니의 남편들과 자제들은 모두 의사와 교육자 집안으로 정착해 갔다.

하지만 박시태와 김영자는 그렇지 못했다. 가난한 서울대 학생과 독실한 기독교 신앙으로 맺어진 마음 하나밖에 없었다. 결혼 후 김영자는 상당 시간 살 곳이 마땅치 않아 친정에서 지냈다. 박시태는 군 복무와 학업을 계속하게 된다.

경북 의성 지역은 의병과 독립운동뿐 아니라 기독교 활동 역시 활발했던 곳이다. 일찌감치 교회들이 세워져 유교권에서 상대적으로 배제된 여성들의 교육열을 흡수하였다. 대구 계성학교 등을 대표로 하는 기독교인들의 학교 교육은 많은 학생을 서울대에 진학시킨다. 광복과 미군정, 한국전쟁기를 거친 직후의 1950년대 중반, 유교 양반가의 딸과 기독교 신앙을 받아들인 수재의 결합은 이 시대 유교와 기독교의 관계를 이해할 수 있는 좋은 실마리가 된다.

당시 결혼은 지금에 비하면 조혼이다. 하지만 이들의 결혼 문화에서 신부 자택에서 처러지는 피로연, 친구들을 중심으로 하는 격식을 갖춘 장문의 축사 등은 이들 유교와 기독교 문화의 평화로운 공존을 보여준다. 특히 이 당시 기독교 신앙은 미국을 중심으로 하는 선교사들의 활약, 한국전쟁 이후 미국의 선진적인 문화의 유입 등의 흐름 속에서 당시의 한국 지식인 집안에서 매우 선진적인 것으로 수용되고 있음을 알 수 있다.

안타깝게도 오늘날 의성 지역의 기독교 문화나 유교 문화는 이전의 선진성을 지속하고 있다고 보기 어렵다. 유교 문화에서 남성들이 여성에 대해 저지르는 성차별적 행위들이 빈번하게 발생하는 곳도 이곳이다. 하지만 1950년대에 한국의 유교와 기독교 문화의 조화로운 공존의 관계를 보여주던 의성 지역의 예전 모습을 반성적으로 되돌아보면 오늘날의 일부 부정적인 모습들은 조만간 극복될 것이다.

김영자_20대 초반

김영자(왼쪽앞쪽1줄첫번째)_경안고등성경학교졸업식1956년

김영자_도리원교회와 경안고등성경학교

김영자_20대 초반

김영자는 의성 지역에 세워진 교회의 부속 학교 및 안동과 대구 지역에 보급된 여성들을 위한 교회학교에서 성가대와 주일학교 교사, 오르간 반주 등의 활동을 한다.

도리원교회_김영자(왼쪽)_20대 초반

도리원 초등학교 앞_김영자 20대 초반

박시태_10대_모친과 함께

박시태_20대

박시태는 1955년 서울대학교 문리과대학 종교학과에 입학한다. 개성고등학교 시절,
기독교를 받아들이면서 그는 평생을 성직에 바치겠다는 서원을 한다.

약혼기념사진_1956년 9월 13일

박시태(오른쪽 뒷줄 첫번째)_계성고등학교 시절 문화교회 친구들과

박시태와 김영자(왼쪽부터)

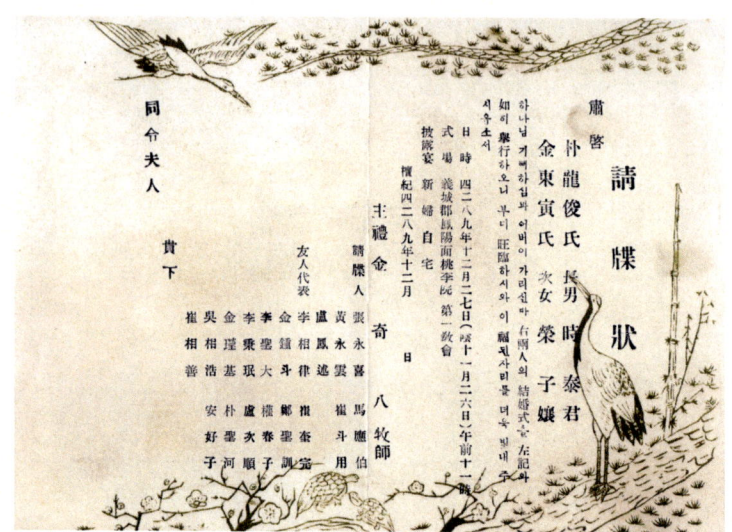

결혼식 청첩장

도리원 교회_결혼식 1956년

결혼식_21세_도리원교회 1956년

하늘과 땅에 충만한 복락을 저희 가정에 내리소서. 이 땅을 살아가
는 끝날까지 조물주의 풍성하신 은혜로 채워 주소서.

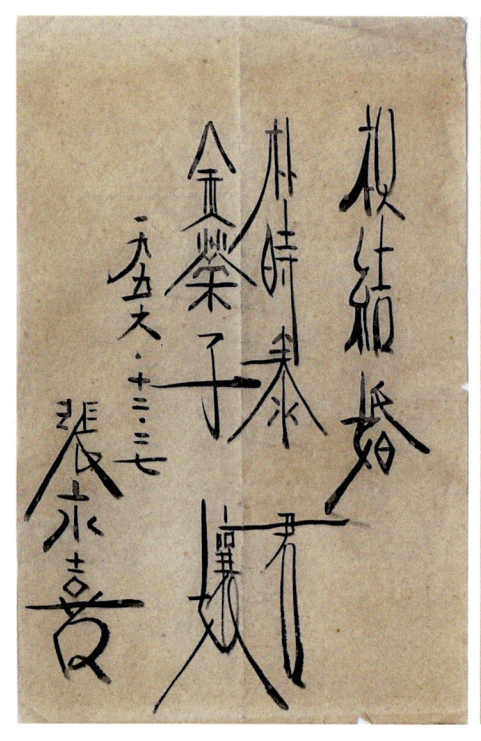
장구선 축의금 봉투

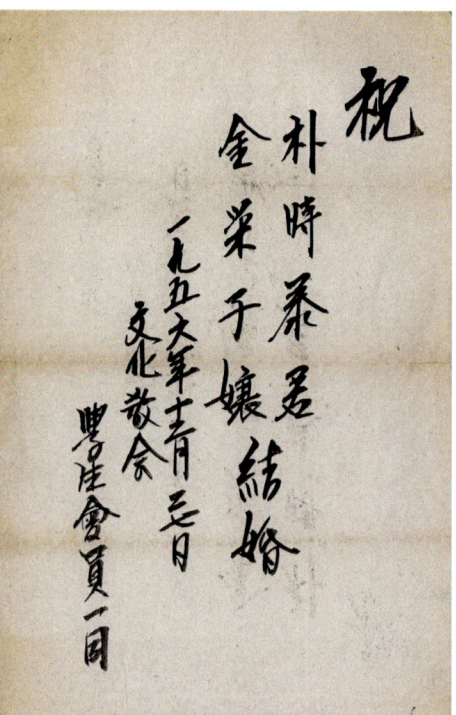
박시태(문화교회) 축의금 봉투

도리원 교회_ 결혼식 1956년

1958년_김영자_오르간 반주

김영자_동생 김순자와 함께

박시태_처제 김순자와 함께

김영자_20대 초반

2

서울로 : 학업과 취직, 육아

박시태와 김영자
1956-2024

전쟁이 어떤 사람들에게는 파괴와 불행이 되기도 하지만, 또 어떤 사람들에게는 기회와 행운이
되기도 한다는 것, 나는 전자보다는 후자에 가까웠다고 생각한다.(박시태의 설교노트 중에서)

박시태는 결혼 당시 서울대 문리대 종교학과 2학년 대학생이었다. 그가 1952년부터 1955년까지 다녔던 대구 계성고등학교는 당시 수많은 인재를 배출하던 기독교계 명문 고등학교였다. 그가 결혼할 당시 대구의 문화교회 신우회와 계성고등학교 42회 동창들의 축하가 이어졌다.

서울대학교 55학번이었던 그는 결혼 직후 학보병(學保兵)으로 입대했다. 이런 상황이라 그들의 신혼생활은 특수했다. 신랑은 군대에서, 신부는 친정과 시댁을 오가면서 살았다. 이때 두 사람은 수많은 연애 편지를 주고받았다. 부부는 연애 이후 결혼한 것이 아니라 결혼 이후 연애를 한 셈이다.

한편 박시태와 김영자는 서울에 특별한 인연이 없었다. 계성고등학교와 서울대학교의 동창들이 활발하게 학계·정계·재계로 진출해 활약했는데, 박시태의 삶은 이들과 달랐다. 부부는 당장의 생계와 생존을 염려할 수밖에 없었다. 제대 후 박시태는 대학생 입주 가정교사 생활을 시작한다. 그 후 1960년 서울 성북동에 월세 단칸방을 마련한다. 이때부터 그들의 신혼생활이 본격적으로 시작된 셈이다.

성북동은 그들 가족의 새로운 본적지가 된다. 그로부터 10여 년 동안 서울에서의 이들 부부의 삶은 학업·취직·육아 생활이 병존한 삶이었다. 공부하고, 돈 벌며, 교사로서 학생들을 가르치고, 아기들이 태어나 가정을 꾸리며 살았다. 한 칸짜리 셋방이 두 칸으로 넓어졌다. 살던 곳은 성북동에서 전농동을 거쳐 답십리로 옮겨졌다. 답십리에서는 전세이기는 했지만 작은 단독주택에 살았다. 이들 부부는 교사 가정으로서 삶의 모습을 온전히, 빠른 시간에 갖추게 된다. 1960년대, 가난하게 시작했지만 신실하고 아름다운 이들의 삶은 작은 사진들 속의 모습 속에 고스란히 담겨 있다.

1960년 학부를 졸업한 박시태는 1961년 종교학과 석사 과정에 입학한다. 이해에 맏아들 형민이 태어난다. 그해 여름 그는 균명중·고등학교 교사가 된다. 박시태가 석사 과정 학생과 교사로서 삶을 살고, 김영자는 첫아들을 키우던 1963년 큰딸 정원이 태어난다.

1963년 박시태는 2년 만에 석사 학위를 취득하고 박사 과정에 입학한다. 1965년 작은 아들 수민이 태어난다. 1966년 박시태는 종로 충신동 문성여자중학교·상업고등학교에 생활지도주임 교사로 근무를 시작한다. 1967년에는 막내아들 창민이 태어난다.

이들이 20대 중반부터 30대 중반까지 살았던 1960년대의 서울은 어떠했을까? 이승만 정부의 부정부패로 4·19가 발생하고, 뒤이어 1961년, 박정희 군부 쿠데타가 일어났다. 박정희 집권 이후 경제 개발 정책으로 온 나라가 경제적으로 잘살아보자는 욕망이 가속화되던 시대였다. 1960년대도 빈부의 격차가 있었다. 좋은 학벌을 가지면 학계와 정계, 재계에서 성공할 가능성이 높았다. 그러나 이때도 학벌만으로 모든 것이 해결되지 않았다.

박시태와 김영자는 1960년대 서울살이의 시작을 가난, 고학, 무연고로 내디뎠다. 빠른 속도로 집을 마련하기 위해 노력했고, 학업과 교사 생활을 병행하면서 그들의 가정을 일구어간다. 결혼한 지 10여 년 만에 이룩한 소중한 정착이었다. 이 당시 가장 아름답고 건실한 교사 가정의 모습을 엿볼 수 있다. 이들의 기독교 신앙은 이 시기의 문화적 풍경에 순풍을 달아주었고, 이들의 살림살이가 비록 넉넉하지 않은 출발이었지만 빠르게 정착할 수 있는 디딤돌이 되어주었다는 것만은 확실하다.

김영자가 1958년 학보병으로 군대에 간 박시태에게 쓴 편지

당신에게

밝아야 할 보름달은 빛을 잃고만 있습니다. 달의 마음을 모르는 양 무정한 검은 구름은 달 자체를 뒤덮고 있으니 눈물이 있고 감정이 있다면 아마 오늘밤 달은 목놓아 통곡할 지도 모르겠군요. 마치 그 누구의 마음을 달래듯이 구름 속에 묻힌 달은 은은히 말해 주는 것만 같습니다. 슬퍼 말고 울지 말라고! 내 너의 심정 이해하고도 남겠노라고 동정을 합니다…아! 안녕하셨군요! 그동안 하나님께서 당신의 신혼을 지키셨군요? 한껏 이렇게 인사가 나옵니다. 오랜만에 대하는 당신의 글월 무척도 사랑스러워 한번만 읽고 접어두지요. 그동안 저는 무척 행복하게 지내옵니다. 부모님 이하 온 식구가 무고합니다…. 온 식구가 날마다 웃음 속에서 세월 가는 줄 모르겠답니다. 하지만 당신을 생각하는 마음이야 어느 날인들 없겠습니까? 내 생활이 즐거울 때 혹 즐겁지 않을 때, 혹 별미를 대할 대 당신이 생각나겠지요. 그렇지만 그토록 살짝 약속을 지켜달라 했음에도 여태 무소식이었으니 너무 무정하시지 않은가요?

사실 너무 오래 당신의 소식이 없을 때는 건망도 스럽고 무심한 것 같이 마음이 이상하다가도 막상 당신의 편지를 받고 보니 여지껏 그렇게 생각해 온 자신이 우스워 죽겠어요. 아무것도 아닌 저를 당신

2

은 늘 사랑하여 주시고 멀리 계시니까 저의 모든 것을 염려해 주시는데 조급하게 생각한 저의 마음이 얼마나 모자란 것을 느꼈어요.

군대 생활에 시련 끝에 당신은 참된 인간이 될 것이라고, 무척도 희망을 북돋아 주는 말씀이옵니다. 인간이 희망을 갖고 그 희망에 추호만큼의 의심도 없이 믿을 때 그들은 진정 행복할 것입니다. 비록 희망에 속아 사는 인간이라 했지만, 그 사람됨에 따라 어느 때 가서는 실현되리라 믿습니다.

세상이 제아무리 악할 지라도 우리들의 희망이 묻혀질 리가 있겠습니까? 하나님이 우리들을 지키신다는 것을 믿을 때 우리는 힘껏 싸울 수 있을 것입니다. 저는 일산(一山) 오빠(중학교 교장)에게 가서 여러 날 놀다가 왔습니다. 그동안 오빠 언니의 사랑이야말로 눈물겹도록 고마웠습니다. 그리고 우리들의 미래 지침이 될 말을 많이 들려 주었답니다. 오빠야말로 저의 마음을 누구 못지않게 위로도 해주시며 격려도 해주셔서 어떻게 대답해야 좋을지도 몰랐습니다. 비록 신앙의 세계를 이해 못하는 오빠의 말씀이지만 저는 한 말씀도 머뭇됨 없이 나의 장래를 굳게 결심합니다.

제 편지를 연대에서 뜯어본다고요? 퍽 기분이 불쾌스러워요. 혹 제 편지로 인해 당신이 부끄러움을 당할까 두려워 이만 줄이옵니다. 몇 시간이 흘렀는지 어느덧 달은 그 밝은 광채로 온 세상을 두루 비춰줍니다. 저의 마음까지 훤히⋯. 마찬가지로 한동안 구름 속에 묻힌 그녀의 마음 명항한 본성으로 돌아가리라 믿습니다. 주 안에서 안녕하세요.

영자榮子 배拜

...

박시태가 김영자에게 보낸 편지

여보!

오늘도 당신의 글이 오지나 아니했는가 하고 일찍이 왔더니 당신의 편지는 오지 않아서 실망 끝에 있는 중에 마침 당신의 반가운 글월을 받아 뛸 것만 같이 기뻤소.

집에 부모님들께서는 당신을 보고 사랑하는 며느리라 얼마나 반가워 하셨겠소.

차가 떠나기 전에 내가 와버렸다고 당신은 오해하시나요. 이것은 변명은 아니지만 아니 글쎄 당신을 뒤따른 내 시선은 차 문턱까지는 갔으나 그만 당신이 어디 있는지 찾아낼 수가 있어야지…. 기차 안은 깜깜하고 아무리 훑어봐도 찾을 길 없었소. 물론 당신은 차 안에서 나를 어디서라도 보고 있으리라고 믿고 있었으나 당신을 찾지 못한 내가 그 누구를 향해 손을 흔들며 윙크를 보내겠소. 그만 애처러운 가슴을 부여안고 돌아올 수밖에 없었소. 그런데 사랑싸움은 그만하고…. 그날은 무척 비가 오던데, 당신의 하차했을 무렵 비나 맞지 아니했소?

그날 나는 바로 아이를 가르치러 갔소. 밥도 그 집에서 먹고 잠도 자기도 했소. 이따금 집에 한번씩 와보기도 하지요. 집에 오면 당신의 얼굴만 눈에 삼삼, 정말 환장할 것 같소. 여보! 용기를 내요! 당신을 떨어진 나를 생각할 수 없고 당신을 떨어진 나의 가는 길이란 생각할 수가 없소. 나의 앞으로의 경제적인 문제라든가 말하자면 가난이 빚어내는 환경으로 인하여 우리들의 생활을 위협할 때도 있었지만 그것이 문제가 되겠소?

우리들은 서로 힘을 합하고 비상한 각오 아래 이 난관을 돌파해야 할 줄 아오. 종전과 같은 소극적인 생각과 어린아이와 같은 생각들은 다 버리고 실속 있는 생활을 하여봅시다. 등록금 관계로 너무 걱정하지 말고 볼일이 다 되면 속히 와요. 제대증 관계는 당신이 좀더 확실히 알아보시오. 병무과에 가서 제대 특명 받은 사람들의 제대증이 시, 면으로 넘어갔는가를 확실히 알아보시고 도리원에 가서 찾아보십시오. 당신이 올라오실 때까지 돈은 부칠 필요가 없을 것 같소. 8,000환은 무사히 찾았소. 그 돈은 근일 갚을 예정이오. 문수네 집에서는 아직 돈을 못 받았소.

당신이 가신 그날 저녁 집으로 돌아와 호박 하나에 20환, 양파 3개에 20환, 어묵 2장에 40환, 고추장 20환어치 사서 남아 있던 밥에 호박 조금 넣고 양파 하나 썰어 넣고 카레 조금 넣고 고추장에 어묵 맛있는 국을 끓여 또 어묵 썰어 넣고 땀을 빼가면서 맛있게 그 날 저녁은 무난히 마치었소.

여보! 그런데 병원에 가봤소? 그 소식을 좀 빨리 알려줘. 여보! 모든 것 하나님께 맡기고 기도하며 또한 노력합시다. 어디까지나 문제되는 것은 신앙이 있느냐 없느냐이지 그 외에는 아무것도 아닐 것입니다. 모든 세세한 염려를 말고 어서 속히 올라와요. 아버님 어머님 퍽 몸이 허약하여졌지 어서 속히 우리가 좋은 아들 며느리 노릇을 해야 되지 않겠소. 모든 생각과 사고가 건설적인 것이 되어야 하겠소.

등록금은 되도 좋고 안 되도 좋으니 그렇게 신경을 쓰지 마오! 교회 목사님 이하 모두 안부 전하시오. 도리원에 가면 모두 안부 전해주시오. 도리원에 가서도 편지를 해주오. 그럼 몸 조심 하시고 건강하고 어여쁜 얼굴로 상경하기를!

Good Day Darling!   그대의 남편. 당신의 아프리카 아저씨.

박시태 28세_1963년_서울대학교 대학원 종교학과 석사학위 논문에서 발췌

예정론(豫定論)

- 자유의지와 관계에 있어서의 예정(豫定) -

하나님과 인간 사이의 관계가 어느 한쪽의 일방적인 것인가 혹은 공동적인 것인가 하는 문제는 특히 구원 문제를 중심으로 하여 오랜 역사 동안 논란이 되어 왔다. 성경에는 엄연히 하나님의 예정과 인간의 자유성이 동시에 보장되어 있다. 이 관계는 단순한 모순의 논리로는 설명하기 힘든, '생명 대 생명의 인격적인 관계'이다. 예정만을 논리화하면 인간의 자유가 부정되고, 인간의 자유만을 주장하여 논리화하면 하나님의 예정이 부정된다.

그러나 이 두 가지는 분리할 수 없는, 하나로 조화를 이루는 생명적인 관계이다. 모든 이단의 역사는 분리해서는 안 되는 생명적인 것을 분리해서 생각하여 억지로 합리화하려는 데에 그 특징이 있다. 사도 바울의 신앙생활은 문자 그대로 산 제사였고 마치 모든 것이 하나님께 의존하고 있는 것처럼 그의 전체를 하나님께 맡긴 반면, 마치 모든 것이 자기에게 달린 것처럼 하나님 앞에서 거룩한 싸움과 자기의 책임을 다하였다. 희랍적 개념의 자유가 아니라 죄에서 해방된, 성령 받은 사람의 참 자유의 소유자가 바로 이 바울이었다.

예정과 자유의 문제는 '생명-유기적 신체를 입은 인간'의 입장에서 다루어져야 한다. 랍비 문학에서도 지적한 바와 같이, 모든 것이 예정되어 있으나 '동시에' 인간의 자유는 보장되어 있다. 하나님은 절대로 기계적 전능(포텐시아, potentia)이 아니라 인격적 전능(포테스타스, potestas)이시기 때문에 신의 예정은 결코 역사적 의의와 결정성을 박탈하지 아니한다. 그러므로 지금 역사적 차원에서 a형의 생활을 하는 자는 ' 동시에' 영원의 차원에서 더욱 큰 A형의 생활을 할 것이며, 역사적 차원에서 b의 생활을 하는 자는 마찬가지로 ' 동시에' 영원의 차원에서 더욱 큰 B형의 생활을 내세에서 하는 것이다. 역사는 이러한 의미에서 진지한 결정권(Entscheidung's ernst)을 가지고 있으며 오직 우리는 역사를 통하여 영원을 맛보게 되는 것이다.

신앙은 하나님의 선물인 ' 동시에' 우리 인간의 책답성(Verantwortung), 즉 인간의 책임 아래에 있기도 하다. 유한의 세계에 무한이신 주님이 오셔서 친히 유한의 세계에서 무한의 생활을 할 수 있다는 사실을 증명하셨다. 주님 자신이 신-인간이라는, 모순 아닌 역설의 생활을 하셨으며, 주님의 교훈과 생활 자세 자체가 역설, 즉 파라독스였다. 따라서 예정과 자유성은 그 자체가 파라독스적 개념인 것이며 인간이 존재하는 한 없어서는 안 될 불가변의 사실이다. 우리는 모든 것이 하나님에게 의존하고 있는 것처럼 하나님께 절대 신앙의 생활을 해야 하는 반면에, 모든 것이 나에게 달려 있는 것처럼 나에게 주어진 책임을 완수하는, 하나님 앞에서 신실한 사람이 되어야 할 것이다.

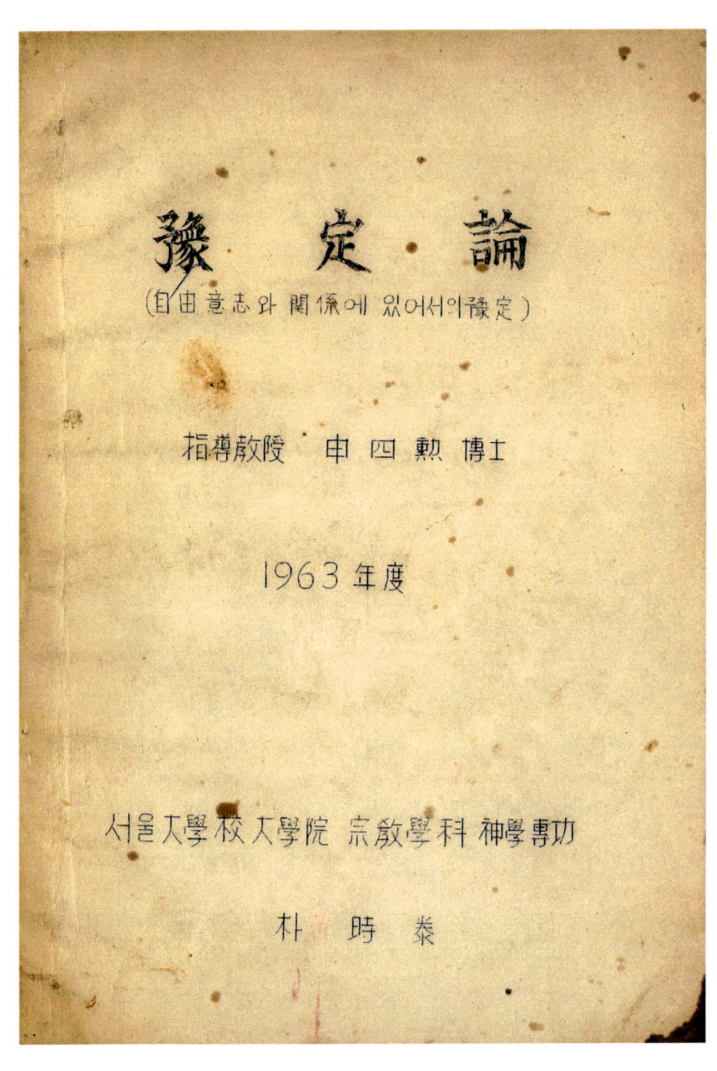

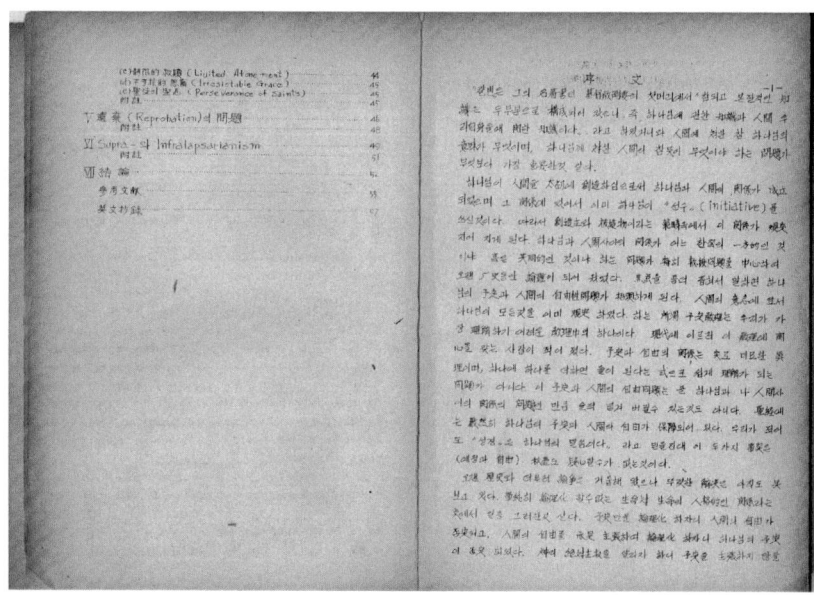

박시태_28세_논문 목차와 서문 필사본

1960년_25세 박시태와 김영자_한강에서

1960년_박시태 서울대학교 졸업식_25세(모두)
_왼쪽부터 박시태 모친, 박시태, 김영자

1962년_27세 남산 나들이
_오른쪽부터 김영자 모친 김영자 박시태 큰아들 형민

1964년_29세 박시태와 김영자
_큰아들 형민 4세, 딸 정원 2세

1964년_김영자 29세_아들 형민 4세, 딸 정원 2세

1965년_김영자 30세_맏아들 형민, 둘째아들 수민

세상이 제아무리 악할 지라도 우리들의 희망이 묻혀질 리가 있겠습니까?
하나님이 우리들을 지키신다는 것을 믿을 때 우리는 힘껏 싸울 수 있을 것입니다.
(김영자의 편지글 중에서)

1967년_김영자 30대 초반

1967년_김영자 32세_왼쪽부터 막내아들 창민, 김영자, 큰아들 형민

김영자 30대초반

1966년_김영자 31세 형민(큰아들) 정원(딸) 수민(둘째아들)

박시태 30대 중반

1960년대 후반_박시태 30대 중반

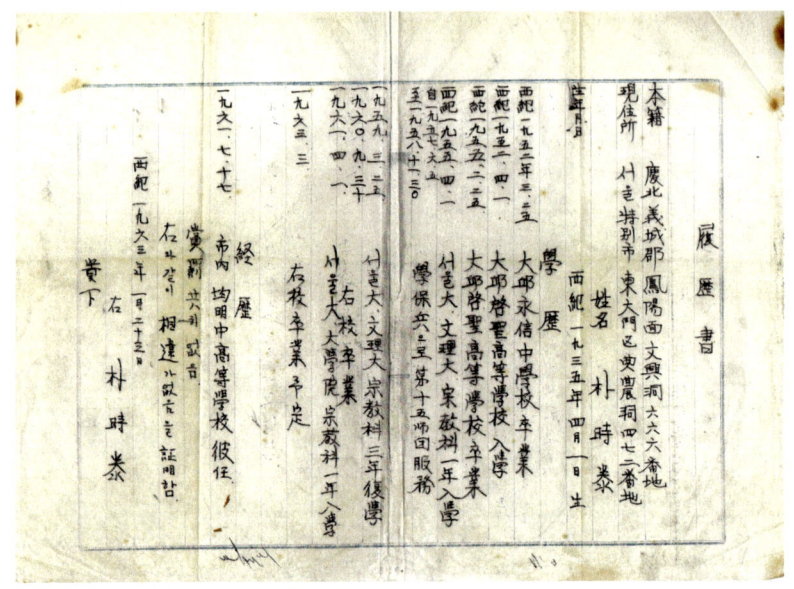

박시태_이력서_1963년 28세 작성

1965년_박시태 30세(교사)

1960년대 후반_박시태 30대 후반_균명고등학교

1969년_박시태 34세_제자들과 함께

1960년대 후반_박시태 30대 중반_동료 교사들과 함께

1960년대 후반_박시태 30대 중반_아카데미 하우스 앞에서

교사 가족 여덟 식구의 내 집 마련기

박시태와 김영자
1956-2024

방 한 칸이 두 칸이 되고, 월세에서 전세로, 그리고 우리는 30대에 우리 힘으로 집을 마련했지요(김영자의 회고글 중에서).

3

 1956년 스물한 살 두 사람이 부부의 연을 맺은 후 1970년 서른다섯 살이 되던 해, 이들은 시부모와 3남 1녀 자녀들, 총 여덟 명의 식구가 생활하게 될 집을 마련하게 된다. 박시태는 서울에 아무런 배경이 없고 오직 가난한 서울대 학생이었다. 김영자 역시 지역 양반가의 딸이었지만 출가외인의 규범으로 대학 교육을 받지 못했다. 그러나 그녀는 홀로 안동 시내에 나가 당시로서는 신식 교육기관이었던 경안고등성경학교를 졸업한 신여성이었다.

 두 사람이 함께하는 서울살이는 방 한 칸을 빌려 생활하는 것으로부터 시작한다. 처음에는 짧은 기간 시부모까지 네 식구가 방 1칸에서 함께 살았다. 이후 박시태는 1959년 피어선 성결학원 시간강사, 1961년 서울대학교 종교학과 석사 과정 입학 직후 5년 동안 서울 균명중·고등학교 교사(환일중·고등학교 전신), 1966년부터 5년 동안 문성여중·상고 생활지도주임 교사(예일중·고등학교 전신) 생활을 한다. 그러면서 부부의 살림 규모는 조금씩 모습을 갖춘다. 방 한 칸이, 두 칸이 되고, 월세가 단독주택 전세가 된다. 이렇게 하나씩 하나씩 살림을 늘려간다.

 그러던 중 문성여중·상고가 은평구 구산동으로 이전하고 교명도 예일여중·여고(주간과 야간)으로 바꾼다. 그렇게 되면서 이 부부의 살림터도 구산동마을로 옮겨오게 된다. 1970년 이들은 구산동마을에 아담한 단층주택을 구입해 이사한다. 여덟 식구의 생계를 책임지고 학업과 육아, 교사로서 살아낸 1960년대 이들 삶의 소중하지만 작은 결실이 구산동마을의 집이다.

   학생 부부로 연고 없는 서울에 올라와 교사 생활을 하며 부모를 모시고 아들 셋과 딸 하나를 키운 지 14년 만이었다. 결혼 후 오롯이 자신들만의 힘으로 35세에 집을 마련한 것이다. 이는 1960년대 '가난을 정직하게 극복하며' 살았던 사람들의 모범적인 표상이다.

박시태_1970년_35세_예일여고 교무실에서

박시태_1970년대초_30대 중반_교무실에서

박시태_1970년_35세_예일여고 생활관에서

박시태_교사시절_스승의 날(1960년대 후반~1970년대 초반)
_앞줄 오른쪽 2번째부터 황명주 교무주임, 박시태 학생주임

박시태_교사시절_수학여행, 경주

박시태_모친과 함께

박시태_모친, 큰아들 형민, 둘째아들 수민과 함께

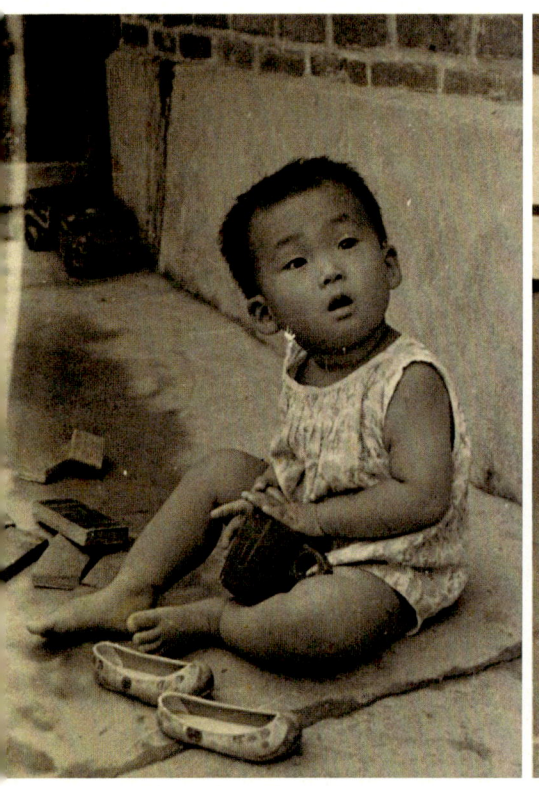
1963년_성북동 월세집_딸 정원

1963년_성북동 월세집_오른쪽부터 큰아들 형민, 딸 정원

1965년_전농동 2칸 월세집_둘째아들 수민

1966년_전농동 2칸 월세집_딸 정원, 둘째아들 수민

1966년_전농동 2칸 월세집_왼쪽부터 큰아들 형민, 둘째아들 수민, 딸 정원

1967년_전농동 2칸 월세집_오른쪽부터 큰아들 형민, 딸 정원, 둘째아들 수민

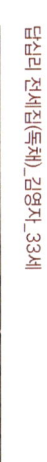

답십리 전세집(독채)_김영자_33세

1968년_답십리 전세집(독채)_김영자_둘째아들 수민, 막내아들 창민

1968년_답십리 전세집_박시태, 김영자_제자들과 함께

학생 부부로 연고 없는 서울에 올라와 교사 생활을 한 박시태와 김영자는
'가난을 정직하게 극복하며' 살았던 사람들의 모범적인 표상이다.

1969년_답십리 전세집_큰아들 형민, 딸 정원, 둘째아들 수민

1969년_답십리 전세집_딸 정원, 둘째아들 수민, 막내아들 창민

1968년_답십리 전세집_왼쪽부터 둘째아들 수민, 김영자 시모, 시부, 막내아들 창민

1968년_답십리 전세집_김영자 딸 정원, 둘째아들 수민

1960년대 후반_박시태_교사시절

1968년_뒷줄 오른쪽부터 김영자, 막내아들 창민, 김영자 모친, 김영자 시모, 조카 계향, 둘째아들 수민, 딸 정원

4

구산동마을 집 이야기

박시태와 김영자
1956-2024

박시태는 교사로, 김영자는 주부로 학교와 가정에 충실했다. 서로가 서로에게 없어서는 안 되는 존재였다.

4

　1970년 박시태와 김영자는 직장을 따라 구산동마을로 이사한다. 문성학교재단이 예일학교재단으로 바뀌고 학교 건물을 새로운 구산동마을로 이전했기 때문이다. 부부는 이에 맞춰 드디어 마당이 딸린 아담한 1층 단독주택을 구입하게 된다. 마침내 내 집 마련의 꿈을 이루게 된 것이다. 당시 구산동마을은 널찍한 2층 양옥 주택들이 즐비했던 고즈넉하고 조용한 신규 주택가 지역이었다. 새로 이사한 곳에서 8식구는 이제 새로운 교사 가족의 삶을 시작하게 되었다.

　집에서 예일고등학교까지는 걸어서 5분 정도의 가까운 거리였다. 전원주택 단지와 같은 분위기의 구산동마을은 부부에게 기쁨을 안겨주게 된다. 그야말로 이들 두 사람의 수고와 땀을 통해 마련한 작은 보금자리, 오롯이 그들만의 집이 생긴 것이다.

　박시태는 30대 시절을 오로지 최선을 다하여 고등학교 교사로서의 삶에 바친다. 그는 예일고등학교 주간과 야간반에서 영어와 성경을 가르쳤다. 그러는 한편 학생주임으로서 학교 전반의 여러 행사를 주관하며 바쁘게 생활한다. 1970년대의 기독교계 사립 중고등학교들이 문화적으로 비약적인 성장을 했던 것은 박시태 같은 인문적 품성과 학식이 풍부하던 교육지식인들의 헌신적인 역할이 있었던 덕분이었다.

　특히 박시태는 예일학원(문성학원의 후신) 설립자와 깊은 종교적 신뢰 관계에 의해 교사로서 재직하고 있었기에 예일학교의 전반적 교육 문화 정신의 정립에 선구적인 역할을 하게 된다. 이 시기에 만들어진

경주 수학여행, 학교 체육대회, 문화예술제 등 모든 행사는 이후 수십 년 동안 한국 고등학교 교육프로그램의 전형적인 패턴이 되었다.

1970년 시부모는 50대로 무직이었고, 아이들은 9세, 7세, 5세, 3세였다. 김영자는 시부모를 모시고, 아이들을 먹이고 입히고, 학교에 보내며 집안 살림을 이끌어 갔다. 그러면서도 피아노 레슨을 계속하고 어머니 합창단과 꽃꽂이를 계속한다. 포도가 탐스럽게 익어가는 시절에는 직접 포도주를 담갔다. 거실 소파 탁자에는 꽃꽂이가 되어 있는 꽃병이 항상 정갈하게 올려져 있고, 피아노 위에는 메트로놈과 음악 교본들이 있었다.

그녀는 직접 이불을 지었다. 크리스마스가 되면 트리에 사용할 생나무를 사다가 장식했다. 신문지 포장이기는 했지만, 두툼한 선물들을 네 아이들 머리맡에 놓아두어 크리스마스 아침을 기쁘게 해주었다.

1970년대 교사 가족, 탐욕적이거나 물질 위주가 아닌 중산층 가정, 그 아름다운 모습을 고스란히 담고 있는 것이 바로 박시태와 김영자의 구산동마을 집이다. 이 시대에는 학교에서 '가정환경 조사서'라는 것을 제출하게 되어 있었고 집에서 도시락을 싸 오도록 했다.

박시태는 교사로, 김영자는 주부로 학교와 가정에 충실했다. 서로가 서로에게 없어서는 안 되는 존재였다. 하나의 가정을 꾸려가기 위해 이들의 역할 분담은 오늘날의 관점에서 보면 여성에게 불리한 것으로 보일 수 있다. 하지만 당시 부부는 서로를 존중하고, 장점을 인

4

정하며 단점을 보완하는 그런 관계였다. 일방적인 희생은 없었다. 흔한 가족 정치와 같은 직접 권력관계는 적어도 둘 사이에서는 없었다.

그들의 관계는 자연스러웠고 본래 평등한 것이었다. 그렇기는 해도 별다른 직업이 없으면서도 왕성한 건강과 활동력을 갖고 있던 50대 시부모와 24시간 함께 지내면서, 네 아이들을 키우는 일이 오롯이 김영자에게 전담되는 것이나, 여덟 식구의 생계를 계속하는 일이 오롯이 박시태에게 전담되는 것이 오늘날의 관점에서 보면 여간 고되고 힘겨운 일이 아닐 수 없다.

하지만 이들 부부의 고단한 역할 분담을 이어가도록 했던 힘은 상호 신뢰와 상호 책임뿐만이 아니었다. 종교적 소명의식, 신앙, 그리고 예술적 교감은 서로를 아름답게 존중하고 사랑하도록 하는 신비한 능력이 있었다. 남편은 아내를 항상 아름답게 대하였다. 그들은 정성껏 차려입고 교회에 출석하였고, 아이들과 정기적으로 가족음악회를 열었다. 박시태는 성악가의 자질이 있었으며 김영자는 음악적 자질 외에 미술적 안목이 있었다.

대문은 들장미 넝쿨이 적당하게 뒤덮여 있었고, 마당에는 작은 회양목과 채송화, 칸나, 샐비어(사루비아) 등이 사계절 내내 새롭게 심어지고 다듬어졌다. 구산동마을의 작은 집에서 자라는 네 아이는 동네를 쏘다니며, 무리 지어 함께 고무줄놀이와 공기놀이 등을 하고, 소꿉장난하며 논다. 그렇게 초등학생, 중학생, 고등학생으로 무럭무럭 자라난다.

박시태_1970년대초 30대_예일학교 제자들과 함께

박시태_1970년대초 30대_예일학교 제자와 함께

구산동마을 집_1972년_큰아들 형민, 막내아들 창민

구산동마을 집_1975년_김영자 40세
_큰아들 형민, 딸 정원, 둘째아들 수민, 막내아들 창민

구산동마을 집_박시태, 김영자 41세_거실에서

구산동마음 집_1970년대_둘째아들 수민

구산동마을 집_1980년대_둘째아들 수민

김영자_세종문화회관 앞에서_1970년대

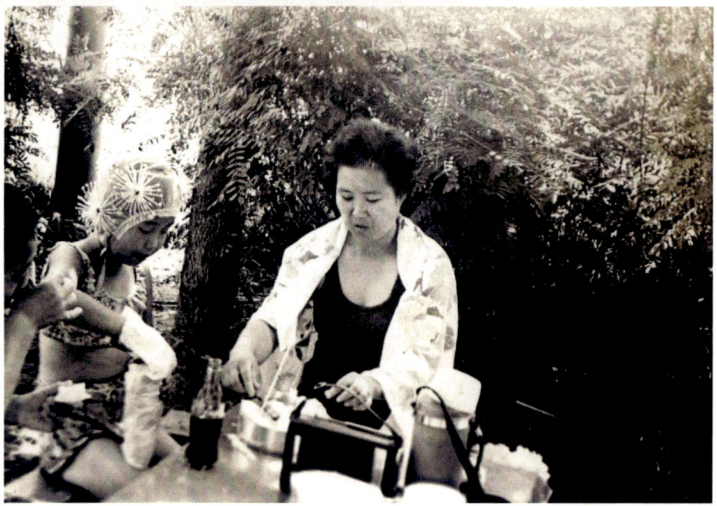

김영자_1970년대_인천 송도해수욕장에서

김영자_1970년대초_학부모회 모임, 뒷줄 왼쪽에서 3번째

김영자_1970년대 중반_어머니합창단 모임_앞줄 왼쪽에서 6번째

박시태_1970년대초 30대_동신교회 집사 시절_뒷줄 왼쪽에서 6번째

박시태_1970년대 중반_동신교회 본당 앞

박시태_1970년대 후반_동신교회 본당 안

김영자_1970년대 중반_동신교회 성가대 군부대 위문 예배, 왼쪽에서 3번째

박시태_1970년대_동신교회 야외예배

1976년_예일학교 교정에서

동신교회 앞뜰에서

김영자_1970년대 중반_동신교회 운동회 가장행렬

가장행렬_뒷줄 왼쪽에서 2번째

왼쪽부터 박시태 모친, 둘째아들 수민, 큰아들 형민, 박시태 부친

김영자_1976년_구산동 집

남편은 아내를 항상 아름답게 대하였다. 그들은 정성껏 차려입고 교회에 출석하였고, 아이들과 정기적으로 가족음악회를 열었다. 박시태는 성악가의 자질이 있었으며 김영자는 음악적 자질 외에 미술적 안목이 있었다.

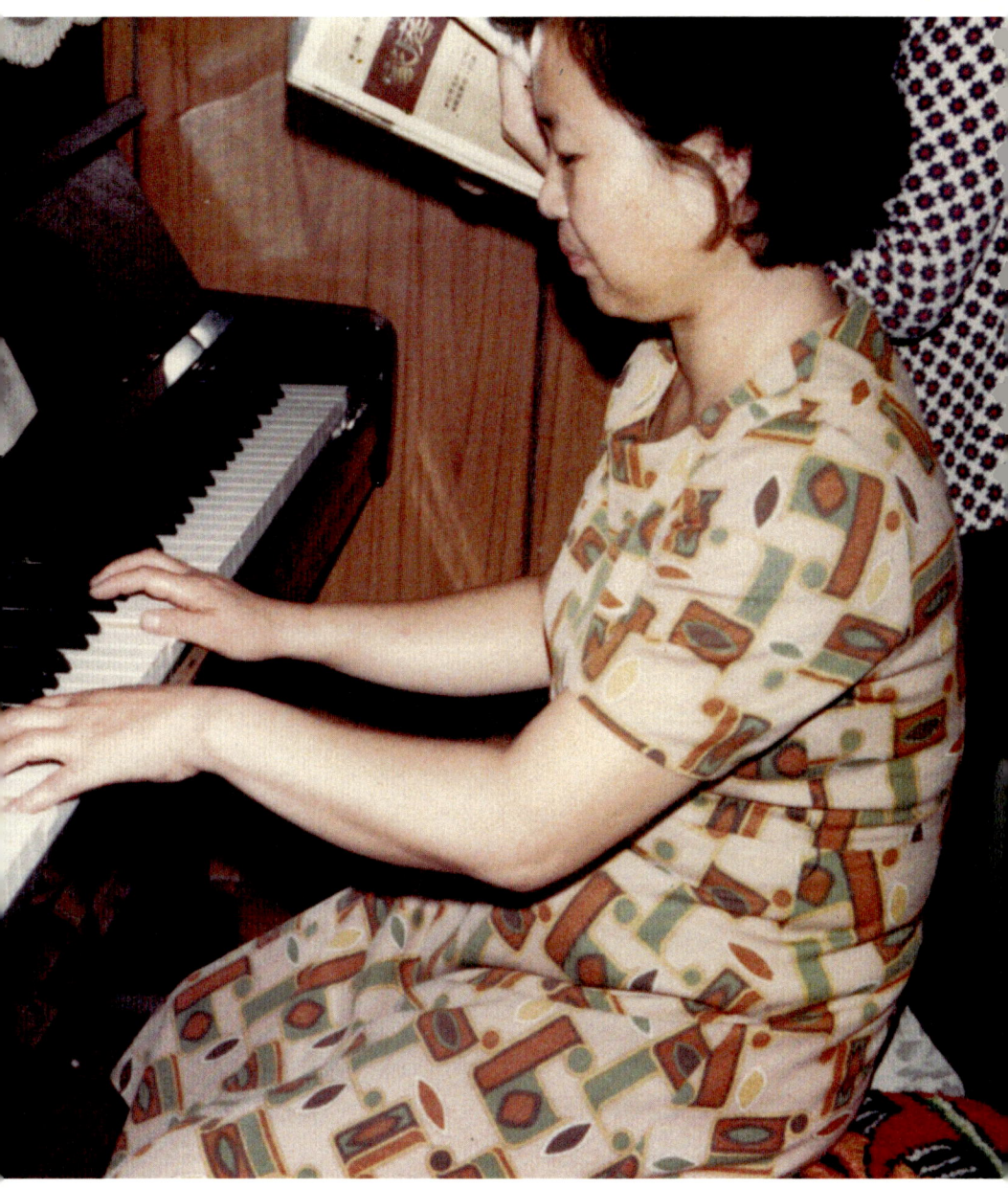

(5)

40대에 다시 신학 공부를 시작하다

박시태와 김영자
1956-2024

박시태는 김영자에게 자신이 이미 고등학교 시절 서원을 통해 목사가 되겠다고
약속했음을 상기시켰다.

5

부부가 40대가 되었을 무렵인 1975년. 박시태는 돌연 목사가 되겠다고 김영자에게 선언한다. 그녀는 이 선언을 선뜻 받아들이는 것이 쉽지 않았을 것이다. 그녀는 목사 사모가 된다거나 사모 역할을 하고 싶지 않았다. 그것이 박시태와 혼인을 결심하는 데 가장 큰 걸림돌이었다. 그녀가 볼 때 목사 사모는 험난한 길이었다. 기독교 신앙인으로서의 삶은 받아들이지만, 목사 사모가 되는 것은 바라지 않았다. 남편에게 이 생각을 말했다. 그도 그것을 충분히 알고 있었을 것이다. 그 또한 박사 과정을 1년 이상 하지 못했고, 고등학교 교사의 삶을 이미 15년 동안 계속해오던 시점이었다.

박시태는 김영자에게 자신이 이미 고등학교 시절 서원을 통해 목사가 되겠다고 약속했음을 상기시켰다. 또 부인에게 자신이 교사로서 삶을 마감하는 것과 목사로서 삶을 마감하는 것 중에 후자를 항상 바랐다고 강조한다. 그러나 그녀로서는 동의하기 어려웠다. 겨우 자립적으로 대가족의 생활 기반이 안정되어 가고 있었다. 목사가 되려면 신학대학에 다시 입학해야 한다. 40대 나이에 수십 년 젊은 나이대의 사람들과 전도사와 부목사의 경력을 똑같이 시작해야 한다는 어려움이 예상되었다.

그런데 왜 무엇 때문에 박시태의 내면적 심경에 변화가 일어났을까? 이에 대해서는 몇몇 정황적 실마리들에 의해 추측만 가능하다. 서울대 종교학과와 동 대학원 졸업자 정도의 학력을 가진 사람들이 당시에 어떻게 진로를 취하고 있었는지 살펴보자.

　1960년대와 1970년대, 서울대 석사 졸업자들은 박사 학위가 없어도 적지 않은 사람들이 대학 교수직을 얻을 수 있었다. 서울대 종교학과 졸업자들은 미국으로 유학을 가거나 목사 안수를 받아 현지에서 목사로 활동하는 것이 대부분이었다. 당시 젊은 박시태도 고등학교 교사를 자신의 궁극적인 삶으로 생각하고 있지 않았을 것으로 보인다. 가족의 생계를 위해, 추천에 의해 시작한 교사의 삶도 소중하였지만, 어느 정도 생활이 안정되면서 자칫 현실에 안주하는 것에 대한 경계심도 있었을 것이다. 그렇다고 해도 대가족을 책임지는 외벌이에, 40대가 신학대학에 새로 입학하겠다고 마음을 굳힌 이유는 무엇일까. 그가 재직하던 예일고등학교 내에서 어떤 일을 겪지 않고는 쉽게 결심하기 어려운 일이었을 것이다.

　그가 학교에서 어떤 일을 겪었는지에 대해서, 훗날 김영자가 딸 정원에게 잠깐 언급한 이야기가 있다. 박시태가 학생주임으로 주야간 가릴 것 없이 열심히 묵묵하게 일하고 있을 무렵 예일고등학교 설립자가 세상을 떠나고 그의 아들이 재단 이사장으로 새롭게 앉았다.

　그런데 아들이 새롭게 학교 이사장으로 취임한 이후 학교에서는 급식 비리 문제로 법적인 송사가 발생한다. 그 시절 박시태는 초창기 학교 설립자와의 신뢰관계를 그 아들과도 똑같이 유지하지 못했을 가능성이 있다. 어느 날 박시태는 무슨 사정에서인지 갑자기 학생주

5

임 자리에서 신입 후배 교사 밑의 자리로 좌천되는 굴욕을 겪게 된다. 30대 후반의 박시태에게 내면의 변화를 일으키게 한 사건이었다. 학교 초창기부터 학교의 발전을 이끌어 온 교사가 자신의 삶을 모욕당한 심정이었으리라. 그러나 이들 부부는 누구에게도 이러한 사실을 공식적으로 말한 적이 없고 모든 일을 새로운 삶의 계기, 순명으로 받아들였다. 훗날 김영자가 박시태를 두고 '항상 지기만 한 사람'이라고 말한 것은 아마 이때부터의 시련을 염두에 둔 것이 아닐까.

결국 박시태는 장로회신학대학 학부에 편입하여 졸업한 후 신학대학원 석사과정까지 다시 마치고 목사 안수를 받게 된다. 당시 이종성 박사가 이끌던 장로회신학대학은, 장로회 교단에서 신앙과 학문 면에서 매우 모범적이며 활발한 학풍을 통해 발전하고 있었다. 장신대 시절의 동기들은 서울대 종교학과와 대구 계성고등학교 동기들과 마찬가지로 박시태에게 성직자로서 삶의 앞날을 재차 확인시켜 주었다. 박시태는 그들과의 교류를 통해 자신의 서원을 현실로 옮기는 노력을 다시 시작하게 된다.

김영자가 이 시기에 보여준 인내와 지원은 실로 불가사의해 보인다. 1970년대 중후반 네 명의 아이들은 각각 고등학생, 중학생, 초등학생이었다. 60대의 시부모와 함께 경제적인 지원이 가장 필요한 시절이었다. 김영자는 박시태가 장신대를 입학하고 논문을 쓰며 졸업하기까지 가정의 살림을 잘 유지했다. 한정된 교사의 수입이었지만 살림의 품위를 잃지 않았다.

　박시태가 교사가 아닌 목사로서 새로운 삶을 선택할 때, 그녀 또한 교사 아내가 아닌 목사 사모로서의 삶을 선택한 것이다. 오늘날의 시점으로 보면 이러한 선택을 한 이들 부부에게는 충분히 시련이 예상된다. 그러나 이러한 일련의 과정은 이들 부부가 진정한 종교적 신앙으로 맺어진 가족이라는 것을 보여준다.

박시태 40세_1975년_장로회신학대학교 신학대학원 졸업논문에서 발췌

바울의 그리스도의 '몸' 된 교회

교회가 무엇이냐 하는 물음은 급변하는 이 시대에 대응하는 우리들의 필연적인 물음이기도 하다. 새 술은 새 부대에 담아야 하는 긴박한 물음이기도 하다. 교회는 세상을 등진, 자기만의 거룩한 성소가 아니고, 바로 이 세상을 위한 존재이다. 교회는 '오이쿠메네(사람이 사는 모든 땅, Oikoumene)'을 위한 존재이다. 교회는 이미 세상 안에 와 있는 하나님의 나라와 그러나 앞으로 올 하나님의 양 긴장 속에서 살아가는 것이며 살아가야 할 종말론적 공동체이다.

에큐메니칼 교회론은 총 3 시기에 걸쳐 진행되어 왔다. 제 1시기(1948년 암스테르담~ 1954년 에반스톤)에서는 주로 '다양하게 분열되어 온 교회들의 배경에 놓여 있는 연속성 여부'를 탐색하였다. 제 2시기(1954년 에반스톤~1961년 뉴델리)에서는 '교회는 신앙과 복종의 사건(Event)에서 발생한다'것이 강조되었다. 이 때의 사건이라는 개념은 칼 바르트가 말한 교회의 개념을 부각한 것이다. 제 3시기(1961년 뉴델리 ~1968년 웁살라)에서는 교회론이 신학적 관심의 중심 내용이 되었다.

교회의 존재 의의는 무엇인가? 교회는 그 자체가 목적이 아니라 세계를 향한 하나님의 선교의 종이 되는 데에 그 존재 의미가 있다는 것이 강조되었다. 이 시기에는 '작은 부분을 비추어 큰 것을 바라보고 전체를 안다(파르스 프로 토토, pars pro toto)'가 부각되면서 교회는 원심적으로 생존해야 한다고 보았다.

그리스도의 '몸' 된 교회는 연속성과 사건을 동시에 내포하고 있는 생명적인 존재인 것이며, 그리스도의 영이 살아 움직이는 실체인 것이다. 교회가 그리스도의 몸이라고 할 때에는 '베레 호모(참되고 진실한 인간, Vere homo)'와 '베레 데우스(참되고 진실한 하나님, Vere Deus)'라는 역설적인 기독론의 입장에서 이해되어야 한다.

그림스도 지적하였듯이, 교회의 본질 문제는 신학적인 문제이며 교회의 선교의 문제 역시 실제적인 문제인 것이다.

교회는 언제나 역사의 발전과 더불어 그리스도의 몸으로 자라며, 생성의 과정 속에 있는 것이다. 교회의 그리스도의 '몸'으로서의 참된 성장은 그리스도가 역사 속에서 그의 '몸' 된 교회의 활동에 의하여 세상 속으로 파고 들어갈 때 일어나게 된다.

예수는 율법학자들과 바리새파 사람들을 책망하시며 "너희 같은 위선자들은 화를 입을 것이다. 너희는 겨우 한 사람을 개종시키려고 바다와 육지를 두루 다니다가, 개종시킨 다음에는 그 사람을 너희보다 몇 배나 더 사악한 지옥의 자식으로 만들고 있다(마태 23:15)."고 말씀하셨다. 예수는 계속해서 말씀하셨다. "너희 같은 위선자들은 화를 입을 것이다. 너희는 잔과 접시의 겉만은 깨끗이 닦아놓지만 그 속에는 착취와 탐욕이 가득 차 있다. 먼저 잔 속을 깨끗이 닦아라. 그래야 겉도 깨끗해질 것이다(마태 23: 25~26)"라고 비판하셨다. 교회의 가장 소중한 사명은 수고하고 무거운 짐을 진 사람들을 부르시는 그 말씀 속에 있다.

---

*H. Grimes, The Church Redemptive Abingdon, New York, 1958, 13쪽.

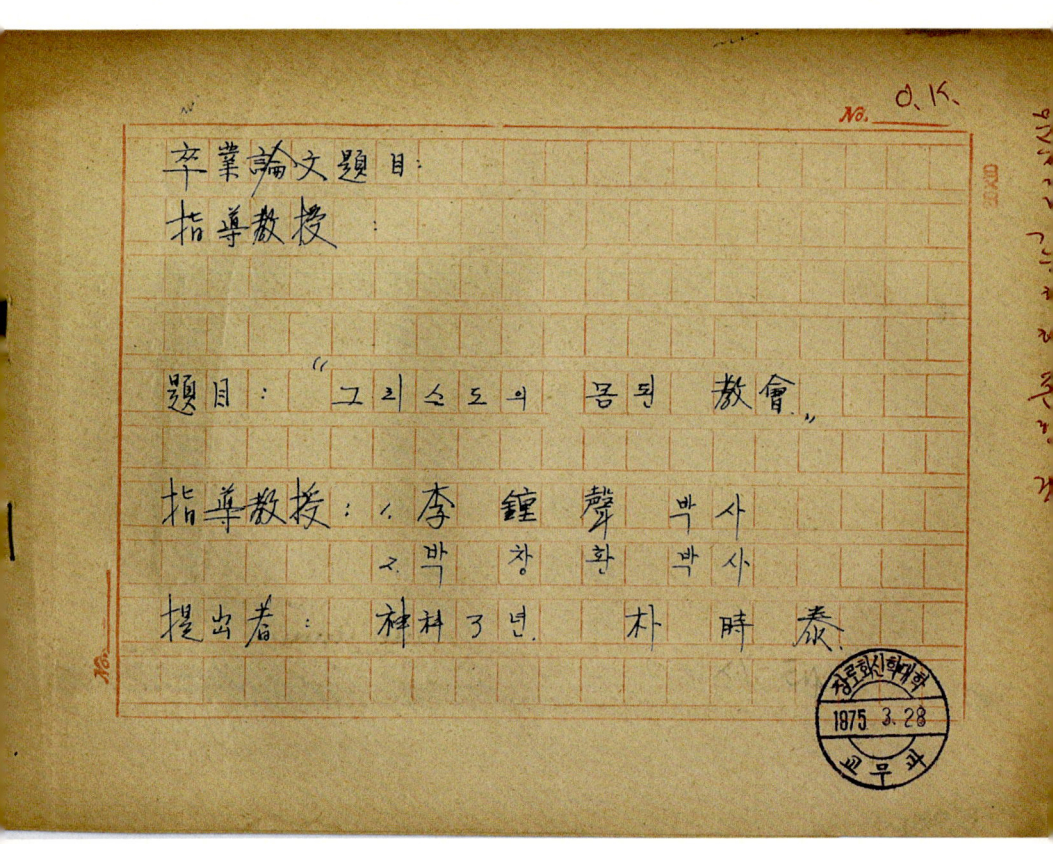

卒業論文題目:
指導敎授:

題目: "그리스도의 몸된 敎會"

指導敎授: 1. 李 鍾 聲 박사
         2. 박 창 환 박사

提出者: 神科 3년 朴 時 泰

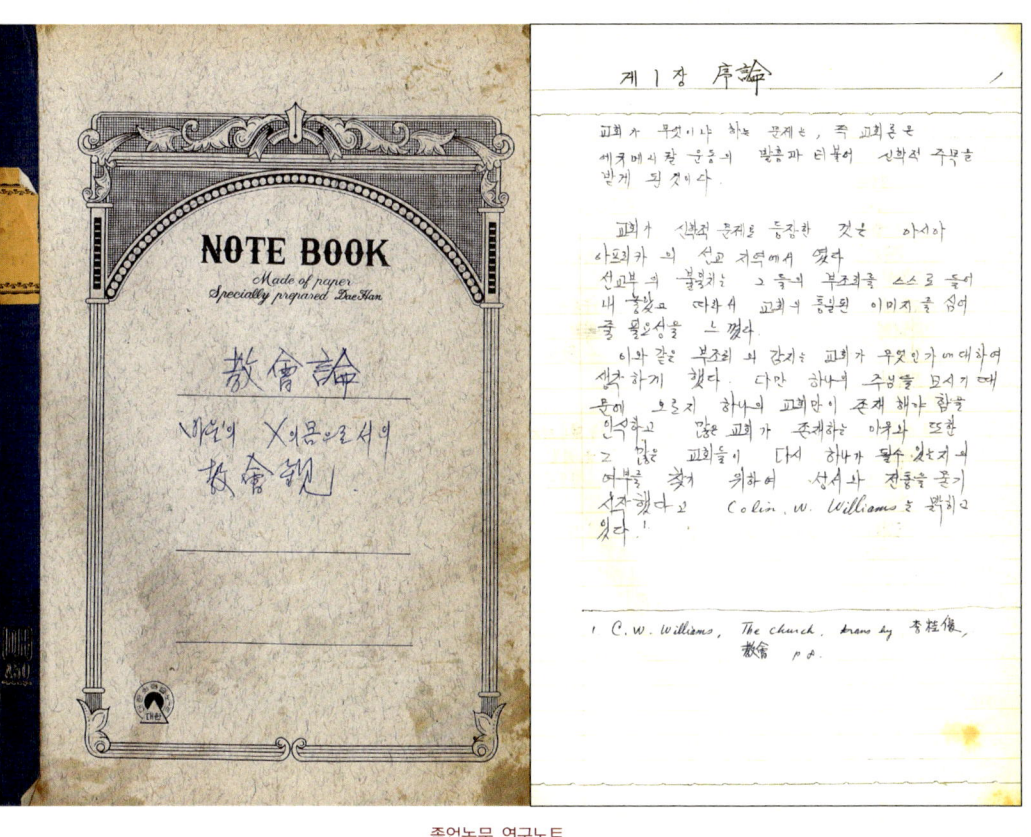

졸업논문_연구노트

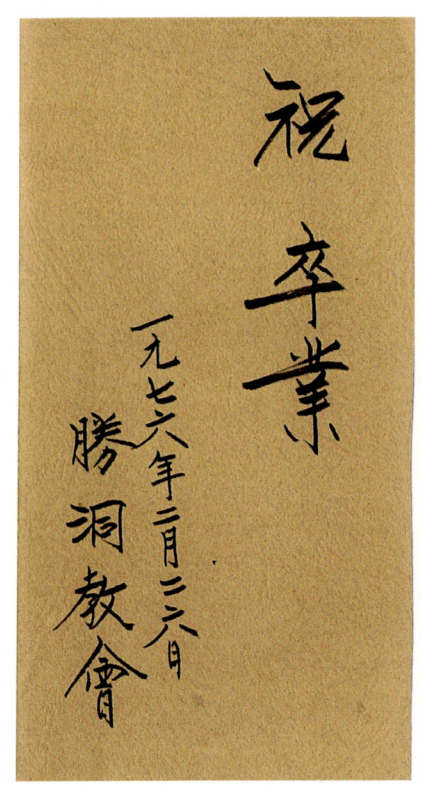

박시태_전도사 재직 승동교회(필동 소재) 축문

장로회신학대학_1974년 요람

박시태와 김영자_41세
_장로회신학대학 졸업식

박시태_41세_장로회신학대학 졸업식_뒷줄 오른쪽에서 3번째

박시태 목사안수 선서_왼쪽에서 2번째

박시태_장로회신학대학 졸업동창들과 함께

박시태와 김영자_41세_친척들과 함께

졸업식날_박시태, 김영자_학교 제자, 교사들과 함께

박시태 졸업식_둘째아들 수민과 함께

신학대 동기들과 야유회_박시태, 김영자 41세_1976년_형민, 정원, 수민, 창민

김영자_공항에서

공항에서 신학대 동기목사 부부 환영하는 박시태, 김영자

신학대 동기 목사 부부와 피크닉하는 박시태, 김영자 가족

박시태, 김영자_동신교회 동료 양해건 목사 가족과 교회 앞뜰에서

박시태와 김영자 43세_1978년_송도해수욕장에서

박시태 43세_1978년_송도해수욕장에서_둘째아들 수민, 막내아들 창민

박시태 42세_1977년_예일여고 인문계 고등학교 1회 졸업생들과

박시태 졸업식날_구산동집 거실_김영자 사촌언니 김성자, 친척과 함께

6

동신교회 목회자와 사모의 삶

박시태와 김영자
1956-2024

부목사로서의 삶을 시작하면서 부부는 동신교회 옆으로 이사할지를 고민하게 되었다.

6

박시태는 장로회신학대학교를 수석으로 입학, 졸업한다. 그는 40대에 목사 안수를 받았는데, 그 기간이었던 1976년부터 종로구 필동에 있는 승동교회(담임목사 허재철)에서 교육전도사로 활동했다. 예일학교 교사와 목회자의 삶을 병행하게 된 셈이다.

박시태가 교사직을 사직한 것은 동신교회(담임목사 김세진)에 재직하기 시작한 때다. 동신교회는 동대문구 창신동의 석조건물로 된 교회였다. 박시태와 김영자가 1966년 서울살이를 시작한 지 얼마 안 되었을 때부터 출석하던 모교회이기도 했다. 그들은 동신교회에서 집사 부부가 된다. 동신교회는 1950년대에 지어진 교회당인데 포천 교회 동산 묘지 구입과 함께 당시로 보아서도 매우 현대적이고 아름다운 교회 건물로 평가되고 있었다.

하지만 단지 외양으로서 높은 평가를 받은 것은 아니다. 1970년대 동신교회는 새문안교회, 영락교회, 소망교회 등과 함께 장로교 통합 교단에서 모범적인 종교문화를 꽃피우던 몇 안 되는 교회 중 하나로 평가되었다. 그것은 이들 교회에서 신앙인으로서의 삶을 살아가던 어른들과 젊은이들의 열정이 함께 어우러져서 만들어 내는, 교회 자체가 발산하는 풍성하고 아름다운 밝은 빛들의 향연과 같았다. 교회 성가대는 수준 높은 음악 교육자들에 의해 이끌어지고 있었고, 교회의 각종 행사는 사회의 문화적 흐름을 앞서가는 경우가 많았다. 1970년대에 동신교회를 다닌다는 것은 문화적 자부심을 갖게 해주는 일이기도 했다.

당시 담임목사인 김세진 목사는 박시태를 아끼고 신뢰하였다. 마치 예일학교 설립자가 박시태를 아끼고 신뢰한 것과 마찬가지다. 이것은 박시태의 학력과 신앙, 성품을 곁에서 오랫동안 지켜보고 함께하던 사람들만이 확인할 수 있는 신뢰 관계였다고 할 수 있다. 이 시기의 교회를 이끌던 목회자들이나 장로, 권사들은 박시태·김영자 집사 부부와 사랑과 우애로 함께했다. 또한 서로가 서로에게 매우 중요한 관계였다고 볼 수 있다.

박시태는 동신교회에서 교육 목사에 이어 얼마 되지 않아 부목사로 재직하게 된다. 동신교회는 김세진 담임목사가 정년 퇴임하고 한기원 담임목사가 새로 취임한다. 박시태가 부목사가 된 1979년은, 박정희가 총을 맞고 사망하여 나라 전체가 어수선하던 시절이었다. 동신교회 자체로 볼 때에도 신자들의 숫자가 수천 명에 달하는 등, 매우 비약적으로 성장하고 있던 시절이었다.

동신교회가 있던 창신동을 중심으로 큰 교구가 형성되었다. 박시태는 1교구를 맡아 각종 경조사를 이끄는 한편, 새로 부임한 한기원 담임목사, 동료 부목사들과 함께 수많은 크고 작은 교회 일을 담당하게 된다. 박시태는 동신교회 기관지 「동신지」에 정기적으로 설교와 성경 이해에 관한 글들을 게재하는 한편, 광범위한 1교구의 가난한 신자들의 경조사에 빠짐없이 참여하고 이끌었다. 누가 보더라도

6

업무가 과중할 수밖에 없었다.

부목사로서의 삶을 시작하면서 부부는 동신교회 옆으로 이사할지를 고민하게 되었다. 김영자의 주도적인 노력으로 동신교회 당회원들은 교회 곁에 위치한 작은 한옥집 사택을 제공하기로 결정한다.

아이 네 명과 함께 살기에는 작은 집이었다. 하지만 부부는 감사한 마음으로 사택으로 이사한다. 구산동마을의 단독주택은 세를 놓고, 시부모 두 분이 지낼 거처를 따로 마련해드렸다.

동신교회 입장에서는 자녀 네 명을 거느린 40대 부목사의 대가족을 맞이하는 일이 당시의 관례(당시에도 부목사의 평균 나이는 30대 이하였다)로 볼 때에는 다소 부담스러운 것일 수 있었으리라. 동신교회 신도 입장에서도 집사 부부 동료였다가 목사로 예우하는 일이 자연스러운 것만은 아니었을 것이다. 하지만 이러한 작은 제약을 뛰어넘을 수 있는 큰 장점을 박시태와 김영자는 갖고 있었다.

1970년대 한국 교회에서 목회자는 윤리적으로나 학문적으로 매우 존경을 받는 지위였다. 박시태와 김영자는 청렴하고 성실하며 인간적인 품위에 있어서 동료 신자들과 목회자들에게 모범적인 모습을 보이고 있었다. 박시태 또한 동신교회에서 목회자의 삶을 살아가는 일이 일찍이 고등학생 때부터 잊지 않았던 서원, 자신의 삶을 하나님을 위해 바치기로 한다는, 그런 서원의 실현이 시작되는 것이었다. 김영자는 어떠했을까? 놀라운 점은 박시태와 김영자가 서로에게 보인 모습이다.

박시태는 학력과 공부, 인품 면에서 모범적이었다. 그러나 대부분 고학력자가 보이는 학자적 모습과 인간관계에서 고지식한 모습 역시 있었다. 그러한 점 때문에 교회의 여러 가지 의사결정에서 주도적으로 나서야 할 때, 특히 자신들의 긴급한 이해관계가 걸려 있는 경우에도 박시태의 성품으로는 적극적으로 나서지 않기도 했다.

김영자는 달랐다. 그녀는 목회자 사모로서의 삶이 너무 힘겹다는 것을 어린 시절에도 익히 알고 있었기 때문에 그 길을 가고 싶어 하지 않았다. 하지만 막상 자신에게 사모의 역할이 주어지자, 누구보다 지혜롭고 선한 방식으로, 정성을 다해 목회자 부부의 삶과 아이들의 삶을 위해 필요한 의사결정을 신속하게, 그리고 주도적으로 해나간다.

부부는 그렇게 서로를 존경했다. 박시태는 교사의 삶을 마치고 40대 중반에 전도사와 교육 목사를 거쳐 부목사로서 본격적인 목회자의 삶으로 뛰어들게 된다. 이들의 삶에서 진정 경이로운 점은 이들 부부의 삶을 이끌어가는 존재의 경이로움일 것이다. 이들에게 종교적 신앙은 이들의 삶과 인격과 윤리와 자연스럽게 혼연일체가 되어 있었고 이들이 겪어내야 했던 경제적 어려움이나 인간관계의 정치적 역학관계에서의 어려움들을 이겨내고 그 모든 것들을 다스리는 실질적인 표준이 되고 있다.

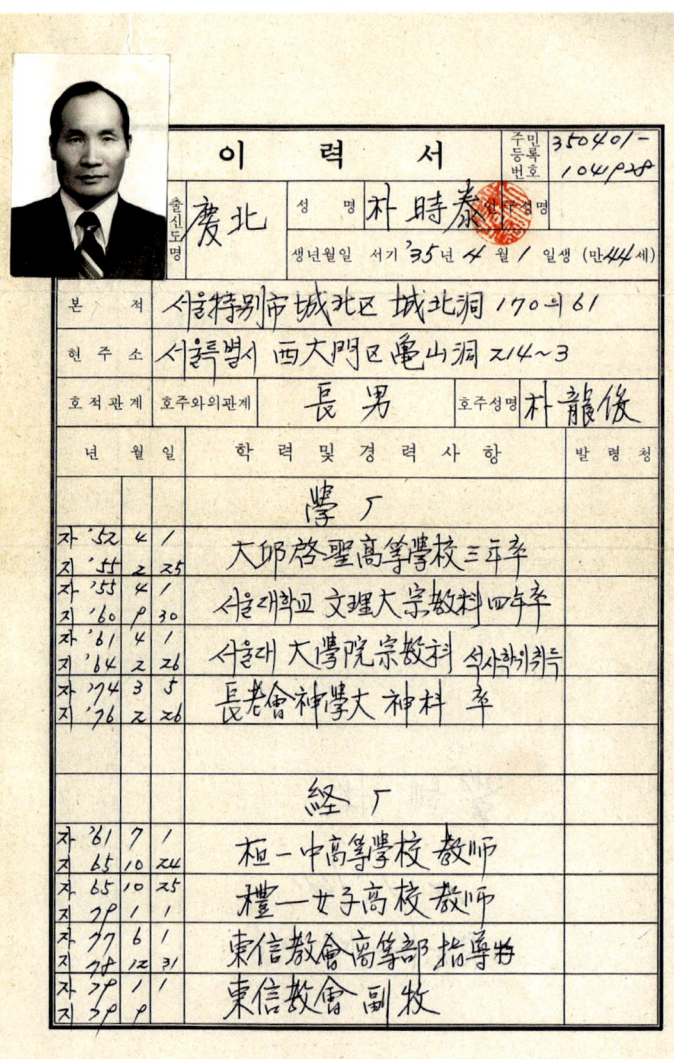

1979년_박시태_44세_자필이력서

박시태_설교하다

박시태_축도하다

박시태_주례하다

박시태와 김영자 44세_1979년_동신교회 앞뜰에서

김영자 44세_1979년_동신교회 목회자 사택 집앞에서

동신교회 바자회_왼쪽부터 김영자, 김세진 원로목사, 박시태

박시태_동신교회 교역자들과 함께_왼쪽에서 2번째

박시태_동신교회 장로, 목사와 함께_오른쪽에서 첫번째

박시태_덕수궁에서

박시태와 김영자는 청렴하고 성실하며 인간적인 품위에 있어서 동료 신자들과
목회자들에게 모범적인 모습을 보이고 있었다. 박시태 또한 동신교회에서 목회자의
삶을 살아가는 일이 일찍이 고등학생 때부터 잊지 않았던 서원, 자신의 삶을
하나님을 위해 바치기로 한다는, 그런 서원의 실현이 시작되는 것이었다.

박시태 45세_1980년_오른쪽에서 4번째_동신교회 당회원들과 함께

박시태와 김영자_동신교회 앞뜰에서

김영자 40대 중반_동신교회 목사 사모 시절

김영자 40대 중반_동신교회 목사 사모 시절

김영자 40대 중반_1970년대 후반_동신교회 바자회에서

박시태 44세_1979년_동신교회 운동회

박시태 44세_1979년_동신교회 운동회

박시태, 김영자_가족사진_1978년

1981년_동신교회 목회자 사택 거실에서_왼쪽부터 둘째아들 수민, 딸 정원, 큰아들 형민, 막내아들 창민

1979년_동신교회 고등부 행사_딸 정원 독창하다

7

시련과 투병, 이별

박시태와 김영자
1956-2024

시련이었다. 정말 커다란 시련이 아닐 수 없었다. 김영자는 이 시련을 어떻게 생각했을까?

7

1980년대는 박시태와 김영자에게 혹독한 시련의 시기였다. 동신교회 사택으로 이사하고 본격적으로 박시태의 목회 활동이 시작되었다. 그러나 부목사 생활 4년여 만에 박시태는 암 선고를 받게 된다. 췌장암 말기였다. 생존 가능 기간은 불과 3개월로 예상되었다. 당시 그의 나이는 불과 48세였다. 훗날 김영자가 회고하는 젊은 시절 박시태는 건장한 체격에 운동으로 다져진 튼튼한 체질이었다. 오랜 교사 시절을 거쳐 장로회신학대학을 졸업하고 목사 안수를 받은 1976년까지만 해도 사진 속의 박시태는 건강하고 튼튼했다.

그러나 동신교회 부목사 생활을 시작한 지 몇 년 만에 말기암 환자가 된 것이다. 과연 무슨 이유였을까? 한 사람이 암 환자가 되기까지는 오랫동안 여러 가지 원인이 복합적으로 작용했을 것이다. 그러나 노년의 시기가 아니라 40대의 건강했던 사람이 갑자기 말기암 진단을 받게 된 것, 그것도 목회자로서 아프게 된 것은 어떻게 보아야 할까? 보통 질병의 원인은 과학적으로 추적하게 되지만, 종교적으로 질병은 그보다 더 복잡한 심경과 평가를 스스로에게 가하게 된다. 그러나 단적으로 이것 때문이다, 혹은 저것 때문이다, 하고 섣불리 단정하는 것은 위험하다. 다만 당시의 여러 정황을 미루어볼 때 몇 가지 요인이 핵심적으로 박시태의 몸을 급속도로 상하게 했을 가능성이 있다.

첫째는 박시태의 부목사 생활에서 무리한 점들이 있었으리라고 추측된다. 이것은 훗날 박시태가 투병 활동을 하면서 친지의 건강을 염려하며 거듭 부탁하는 과정에서 나온 말, "절대 무리하면 안 됩니다!"라는 말에서 유추할 수 있다. 박시태가 맡은 1교구는 창신동 근처의 광범위한 지역을 포괄하는데 이곳은 신자 수도 많았고 각종 조사가 끊이지 않았다. 또한 빈곤하고 어려운 처지의 신자들이 많은 지역이었다. 박시태의 목회 일지나 메모 등에는, 하루에 심방과 장례 등의 일과를 무리해서 연이어 치르느라 식사를 제때 하지 못했다, 모든 음식을 잘 먹기가 힘들다, 모두 짜고 맵기 때문이다, 등의 내용이 적혀 있다.

둘째는 1981년에 대학에 입학한 딸 정원 때문일 수도 있다. 딸은 입학한 이듬해부터 학생운동에 뛰어들어 날마다 집회와 시위에 참여하고 동신교회에서 세미나그룹을 형성했다. 그 이유로 형사들이 날마다 찾아왔다. 심지어 노동운동에 투신하기 위해 가출하여 소재지 파악도 제대로 되지 않는 상황까지 발생한다. 고등학교까지 독실한 신앙생활에 우수한 성적으로 부부의 마음을 기쁘게 하던 딸이, 이제 정반대로 시름과 염려의 대상이 된 것이다. 그리고 동신교회에까지 소문이 퍼져 부부의 스트레스는 이만저만이 아니었다.

늦은 나이에 부목사의 직무를 감당하면서 동료 목회자들이나 담임목사와의 관계에서 불가피하게 나타날 수 있는 애로사항도 있었을 것이다. 또한 자신의 아버지가 점차 알코올 의존증 모습을 보이거나 둘째 아들의 심리적인 문제로 고뇌의 시간을 보내기도 했을 것이다.

문제는 박시태가 기본적으로 이 모든 스트레스와 염려를 외부로 발산하며 풀어가는 방식이 아니라 오롯이 자신이 감당해야 하는 소명이라고 보았을 가능성이 크다는 점이다. 그는 수많은 교회 업무를 마치고 늦은 시간까지 둘째 아들의 학업을 위해 영어 교습 계획과 일정을 짜서 실행하였다. 또한 기쁨에서 분노로 바뀐 딸의 거친 행동들에도 그 원인을 곰곰이 생각하면서 묵묵히 기다리는 인내를 보였다.

박시태는 좀처럼 화를 낸 적이 없었다. 단 한 번, 그가 투병할 때 술에 취해 행패 부리는 자신의 아버지를 제지하면서 얼굴이 창백해진 채 아버지를 향해 분노의 표정을 지은 적이 있었다. 하지만 대체로 그는 어떠한 상황 속에서도 거친 말을 내뱉거나 자신의 부당한 대우에 대해서 항의한 적이 없다. 그의 이러한 성품은 그가 손길을 내미는 모든 교회 활동과 사람들에게는 이로운 혜택이 되었으나, 다른 한편으로는 자신의 몸을 혹사하는 결과가 되었을 것이다.

3개월 시한부 삶을 선고받은 박시태는 이제 어떻게 해야 하는가? 연로한 두 부모와 네 명의 자식들은 아직 대학생과 고등학생, 중학생으로 한창 교육받아야 하는 나이다. 하지만 동신교회 부목사의 직분으로 말기암 환자가 되었다. 그가 계속 교회 일을 맡을 수 있는가? 교회 일을 그만두게 되면 그들은 어떻게 살아가야 하는가? 박시태는 어떻게 투병하며 가정은 어떻게 꾸려갈 수 있을까? 아직 50대도 되지 않았는데, 이들은 동신교회에 사직서를 내야 하는가? 실업자가 된 암 환자 가정, 한평생 학업과 신앙으로, 교사와 성직자로서의 꿈을 실현해 가는 시작에 불과한 이때, 부부는 망연자실할 수밖에 없었을 것이다.

시련이었다. 정말 커다란 시련이 아닐 수 없었다. 김영자는 이 시련을 어떻게 생각했을까? 그녀가 병원 한구석에서 눈물로 써 내려간 메모에는 그녀의 마음이 담겨 있다. 박시태와 김영자는 이 시점에서 멈춰야 하는가? 그럴 수 없다. 그들은 진정 용기 있는 사람들이었다.

투병 생활 중에도 얼마 동안 동신교회 일을 멈추지 않던 박시태는 결국 사직서를 제출하였다. 하지만 그는 3개월 시한부의 삶에도 불구하고 과천교회 교육 목사직을 새롭게 받아들였다. 또한 총신대와 피어선 신학대(평택대 전신)에서 교회사 등을 강의해달라는 부탁을 받고 대학 강의도 시작하였다. 박시태는 예전의 습관대로 꼼꼼하게 투병일기를 쓰면서도 병상에서도 대학 강의 시험지 답안을 채점한다.

그런데 놀라운 기적이 일어나기 시작한다. 3개월 시한부는 3년이 지나도 계속 이어졌다. 투병생활 중에 부부는 박시태의 부친과 모친의 장례를 치렀다. 학생운동과 노동운동에 투신하였던 딸을 집으로 돌아오게 했다. 약혼식을 올려주고 결혼까지 시키게 된다. 약혼식에는 대구 계성고등학교 동창이기도 했던 딸의 대학 지도교수가 축사를 해주었다. 이때 딸과 사위의 중매인이었던 가수 김광석도 참석한다. 사위는 고려대 철학과 교수의 아들이었고 딸과 함께 1980년대의 문화운동의 선구자로 활동중이었다.

이 어려운 시련의 시기에도 큰아들 형민은 대학을 졸업하기도 전에 취직이 되어 부모를 기쁘게 하였다. 또한 둘째아들 수민과 막내아들 창민은 대학 입학과 군 복무활동을 용기 있게 감당해내어 부모를 흐뭇하게 하였다. 박시태와 김영자는 딸 정원의 결혼식을 치른 이듬해인 1989년 구산동마을 집 1층 주택을 지하와 지상 2층의 총 5가구의 다가구주택으로 재건축한다. 이들은 틈이 날 때마다 함께 국내 여행을 다니면서 서로의 사랑과 우애를 다지는 한편, 그들의 시련을 건강하고 꿋꿋하게 이겨나가기 시작한다. 박시태의 투병 생활은 3개월 시한부를 이후 10년 동안 연장한다.

1992년 1월, 새로 지어진 집을 그리워하며 박시태는 병원에서 눈을 감는다. 그의 나이 57세였다. 부부에게 1980년대는 시련의 시기였지만, 그 어느 때보다 서로를 깊이 의지하고 믿고 살아낸 시간이었다. 가난한 집안 출신의 서울대 학생 박시태, 신과의 만남으로 한평생 교사와 목회자의 삶을 충실하게 살던 박시태, 그의 삶은 57세 너무나도 젊은 나이에 그렇게 마무리된다.

의성 김씨 종갓집 둘째 딸 김영자는 박시태의 상태가 갑자기 악화되어 세상을 떠나자 급작스럽게 마련된 장례 안내지에 박시태의 이력을 쓰면서도 그들 둘이 처음 만나 인연을 맺었던 그들의 고향인 '경북 의성군 봉양면'을 명확하게 기록한다.

  그들은 21세에 만나 36년을 함께 살았다. 57세의 박시태는 김영자에게 이별을 고하고 떠났다. 같은 나이의 김영자는 네 명의 자식, 갓 태어난 손녀, 구산동마을 집, 그리고 수많은 동신교회 신앙인─함께 투병 생활을 기억하고 찾아오고, 경조사에 참석해 물심양면으로 도와주고, 함께 기도해 준─과 함께 남았다. 그러나 또 한편으로, 이 세상에 '홀로' 남겨지게 되었다.

1983년 2월 15일

내 남편의 악성 종양 수술 늦이 있다.
너무 늦었읍니다 시험 수술이었지만 결과는 절망 바로
그것이었다. 외과 과장은 내게 "그 순간까지 먹고 먹을수
있도록 밥죽을 이었읍니다. 마지막 문화 때 그 들을
위해 "아련.을 싸게 사용 하겠읍니다 라고"
심이지장 종양 맞게 췌장까지 말 부분까지.
대 등백마 유착이 되어 있어 도저히 먹을 떼수 없었다
는 것이 바. 나는 기가 막혔다는 말 아니 비운 몸이 리가
정지하는건 같았다. 나는 물었다. 몇년을 살수 있을까.
몇년을요? 의사는 여이 없다는듯 반문했다.
나는 견딜수 없이 화장실로 달려 갔다.
화장실에도 사람들이 있었다. 나는 치마 끝에
얼굴을 묻고 울었다. 또 울고 울었다.

종양이 자라면서 12지장이 막혀 온 몸이 샛ㅅ샛
노랗게 황달이 특이 빈혈로 수혈을 하며
방사선 치료를 받고 항암 주사 즉 맞으며
2년 동안 치료하며 몇 번의 위험한 분홍 간 순간을
넘겼던 일들이 주마 등 처럼. 내 머리에 뜨려지고
한다. 그 놀랍으로 기박했던 일
그러나 나는 이성을 잃지 않고 절망하지 않았다.
100 사람중에 한사람이 살수 있다면 그 한사람이
되기 위해 난 어떤, 그들도 어떤 희생도 닫게 받으리

1983년_박시태 암선고(3개월 생존) 수술_김영자 일기

1983년 2월 15일

    내 남편의 악성 종양 수술날이었다. '너무 늦었습니다.' 시험 수술이었지만 결과는 절망 바로 그것이었다. 외과 과장은 내게 '그 순간까지 먹을 수 있도록 밥줄을 이었습니다. 마지막 때 고통을 위해 아편을 싸게 사용하겠습니다.' 라고 말했다.
    십이지장 종양 말기, 췌장 밑 부분까지...대동맥과 유착이 되어 도저히 칼을 들 수 없었다는 것이다. 나는 기가 막혔다. 아니 내 온 몸이 피가 정지하는 것 같았다. 나는 물었다. 몇 년을 살 수 있을까요? '몇 년을요?' 의사는 어이없다는 듯 반문했다. 나는 견딜 수 없어 화장실로 달려갔다. 화장실에도 사람들이 있었다. 나는 치마 폭에 얼굴을 묻고 울었다. 또 울고 울었다.
    종양이 자라면서 십이지장이 막혀 온 몸이 노랗게 황달이 들고 빈혈로 수혈을 하며 방사선 치료를 하며 몇 번의 위급한 순간순간을 넘겼던 일들이 주마등처럼 내 머리에 스쳐가곤 한다. 그 놀랍고 기막혔던 일.
    그러나 나는 이성을 잃지 않고 절망하지 않았다. 1백 명의 사람 중에 한 사람이 살 수 있다면 그 한 사람이 되기 위해 난 어떤 고통도, 어떤 희생도 달게 받으려, 나는 내 눈물의 기도와 정성이 하나님을 움직일 것이란 믿음으로 살았다. 그 많은 분들의 도움과 위로가 뼈에 사무치도록 고맙고 감격했지만, 그 서러움과 외로움을, 서글픔과 허망함을 누가 감히 이해할 수 있었을까?
    오십 평생 하루도 손에서 책을 떼어 놓지 않고 살아왔는데 이 많은 책들을 어찌 두고 갈 수 있단 말인고! 나는 통곡하고 울부짖었다. 하나님, 내게서 모든 것을 앗아가시더라도 내 남편을 살려 주소서. 얼마나 진실하게 살아왔는지를 주님께서 아십니다. 항상 지면서 살아왔고, 순한 양과 같이 부드럽고 겸손하게 살아 온 내 남편, 반드시 병을 이기고 일어나게 하소서.
    나는 뜨거운 눈물을 흘리며 기도라기보다 차라리 호소와 절규를 했다. "기적"이란 반드시 있을 것이다. "믿는 자에게는 능치 못함이 없느니라." 하신 말씀을 믿으며 기도와 간병에 최선을 다했다. 덕분에 나의 머리는 희게 변했고 얼굴은 늙어 변해 버렸지만, 우리는 늘 마주보며 하나님께 감사드리며 모든 믿음의 식구들께 고마움을 간직하고 살아가고 있다.
    금년엔 적은 일이지만 다시 직장을 갖게 되었다. 죽을 병에 걸렸다고 쉽게 포기하는 것은 어리석음이라 생각되어 나와 같은 심정으로 사는 사람들이 있을 것이라 생각되어 이 글을 쓰는 것이다.

1983년_박시태 암선고(3개월 생존) 수술_김영자 일기

박시태_암수술 직후_동신교회 본당 강단에서

박시태_투병시절_동신교회 앞뜰에서

박시태와 김영자_투병시절 함께 여행하다

박시태와 김영자_박시태의 부친상

소망교회
Korean Hope Christian Church
903 CRENSHAW BOULEVARD
LOS ANGELES, CALIFORNIA 90019
OFFICE(213) 936-8225 - 6

REV. **KYUNG SUH KIM**, PASTOR
(213) 772-0870 / 546-1820

박시태 목사님:

궁금하던중 오랫만에 소식을 접하게 되니 참 반가웠군요.
주님 은총안에 평안하다니 참 하나님께 감사합니다.
나는 이번 목회에 애도 많지만 주님은혜 힘입어 목사의 직분
감당하노라 애쓰고 있은뿐 큰 성과는 없지!
여기 종교학과 동창들 다- 잘 있오 이건태목사님이 초대 회장
그 다음이 나, 그리고 지금은 민성홍씨가 목사가 되어 회장일
보고 있지요.
전일 동창 몇분을 만났을때 앞으로 언젠가는 신박사님 내외
를 미국으로 한번 초대하여 구경도 시켜드리고 각 교회에 초청
하여 말씀도 듣도록 하자고 合意를 보았는데 각자가 너무 목회
에 바빠서 언제나 기후의 될지? 내가 좀 적극적으로 나
아가 주도해 교회건축을 目前에 두고 너무 긴장하고 또 막상
시작되면 1-2년은 정신이 없겠고....!? 이 형편 형지로는
그저 많아도 동창들이 박목사의 안부를 나한테 안내뿐
묻고하더군.
박목사도 언제가는 한번 다녀가야지. 건강이 허락하는대로
그렇게 계획도 세워 보고 또 내가 한길이 있으면 알려 주면
힘써 볼게. 김중은가 저쪽 종회신학에 가 있느니 연락이
되면 내게 연락을 좀 달라고 전하고 부탁해주게 (한국나
은때 그렇지 message 는 남겠기 도 못 만났지).
우리 교회는 Los Angeles downtown 에 위치하여 교포들이 잘
떠나는 지역이 되어 발전이 없기 때문에 한인교포가 몰을 지어
(서울의 강남구 격?분)으로 이전할 계획을 세우고 있지.
편지를 받고 보니 내가 박목사 위해 기도 못 한 부끄러움이
생기는군. 열심히 기도할게. L.A. 소망교회 위해 기도되
대로 열심히 기도해줘.
주님안에 건강과 평안을 기도하며 金 兄 이만.

1986. 8. 4.   羅城에서 京西

박시태 서울대 종교학과 동창 편지_1986년

수민아 보아라.

하나님의 은총속에서 그동안도 잘 지냈는지?
집에는 아무일 없이 잘 지내고 있으니 안심하여라.
　형이 너를 면회하고 돌아온 후 엄마는 안심하고 있단다.
그 동안은 네게서 소식이 너무오래 없어서 무척이나 궁금 했었다
아무리 몸 저럼. 미전하기로서니 엄마가 그토록 염려하는데도
소식을 전하지 않어 어쩜 그렇게도 무심할수가 있는지?
그러나 몸성히 있다니 다행이구나.
200 키로 행군 했다니 얼마나 힘이 들었을까?
발 뒤꿈치가 많이 벗겨지고 상처가 심하다드니 좀 어떤지.
부지런히 약을 바르고 건강하도록. 조심하여라.
창인이는 학원 종합반에서 열심히 공부하고 있단다.
다행히 학력고사 한번더 볼수가 있으니. 마지막 기력과
생각하고 노력한단다. 많은 셋해를 했으니 그만큼 끈기와
인내심도 컸을 것이다
학원에는 재수생. 삼수생. 군 제대후 다시 공부하는 학생들도
많다 하드라 수민이도 내년 2월에 제대하고 3월부터는
다시 공부할수 있는 기회가 될것이다.
수민이가 원하는 공부 하고싶은 공부. 무엇이든 다 할수 있도록
엄마 아빠는 도울것이다. 아빠도 이제 많이 건강해 젔고
내년이면 정도 취직하게 되고. 창인이는 군대가고 수민이만
공부하게 될테니 모든 식구들이 수민이를 도울것이다
엄마는 늘 수민이를 생각 한단다.

김영자가 둘째 아들 수민에게(군복무) 쓴 편지_1980년대 중반

큰아들 형민 졸업식 사진

박시태_둘째아들 수민 (군복무) 면회하다_1980 년대 중반

부모님께

　아버지 어머니 그동안 무사히 잘 지내고 계신지요
저도 몸 건강히 잘 있읍니다
　이제 바야흐로 완연한 봄기운이 흐르는 것
같습니다 서울도 마찬가지라고 생각됩니다
　제가 군대생활 한지도 어언 팔개월이 넘은
것 같습니다 어쩌면 오월에 집에 갈 수
있을지도 모를 것 같습니다
　한가지 부탁할 것은 부대 환경정리를
위한 꽃씨가 필요합니다 그러니까 아무
꽃씨라도 좋으니 좀 보내주셨으면 좋겠
읍니다
　편지 자주 못올린 것 정말 죄송스럽게
생각하고 있읍니다 앞으로는 시간나는 대로
자주 소식 전하겠읍니다
　그럼 부디 우리 가족 모두 몸 건강히
잘 계시기를 빌며 이만 줄이겠읍니다
안녕히 계십시오
　　　　　　　　　　　　청원에서 수민올림

둘째아들 수민이(군복무) 부모님께 쓴 답장 편지_1980년대 중반

딸 정원 졸업식(이화여대)_박시태 투병 3년차_1986년

김영자_51세_1986년_딸 정원 이화여대 졸업식

딸 정원 약혼식에서 인사말하는 박시태_오른쪽부터 둘째아들 수민, 큰아들 형민, 박시태, 김영자, 딸 정원, 사위 신중.

딸 정원 약혼식_경복궁 거구장_1988년

거구장_경복궁 중앙박물관 관내 식당_ 오른쪽 앞뒤 연속하여 박시태, 김영자 작은 조카사위, 김영자 사촌언니 김성자, 김영자 큰 조카사위, 김영자, 큰아들 형민, 딸 정원, 둘째아들 수민, 사위 신중.

딸 정원 결혼식장에서_1988년_투병 5년차

박시태와 김영자 54세_딸 정원 인천 신혼집에서_1989년_투병 6년차

사랑하는 막내 창민에게

엄동설한에 고생이 얼마나 크겠느냐?
허나 하나님께서 창민이와 늘 함께 계시기 때문
이 엄마는 안심 할수가 있단다.
※ 아빠께서도 건강하시고 엄마. 수민 세식구 모두 잘
지내고 있단다.
누나는 깔끔하게 정돈해 놓고 재미있게 살고 있구.
형은 누나 결혼후 한번만 다녀가고 한달동안 오지 않고
있다. 아마 내일쯤은 온다고 전화가 왔다.
수민이는 오늘 예비 소집일이라 학교에 갔다. 막내
참 내가 너무 무심 했나 보다. 그 동안 한번도 편지를
보내지 못했으니 - 미안하구나 창민아.
안방에 너의 사진을 걸어놓고 늠름한 너의 모습에
미소를 보낸다 우리집 막내 창민아 !
수민이는 숭실대 건축 공학과에 지원 했다.
성적을 알수 없어 어쩔수 없이 거기 지원했는데
16 대 1 이 넘는 사실이다.
고등학교때 그렇게 됐으니 내신 성적도 문제고 여러가지
걱정스럽단다. 내일이 시험이다. 열심히 기도 드려야지.
일월 쯤에 휴가오면 3형제가 누나사는 집에 가 볼수
있을거야 잘 해놓고 산단다. 교회도 열심히 나가겠지 ?
창민아 추운날씨에 몸 조심 하여라. 서울에서 엄마가.

막내아들 창민에게(군복무 중) 쓴 김영자의 편지_1989년

김영자 53세_1988년_막내아들 창민(군복무) 면회하다

박시태_1988년_투병 5년차_막내아들 창민(군복무) 군부대에서 인사말하다

박시태와 김영자_1980년대 중반

박시태와 김영자_투병 6년차_1989년 여름

朴 牧師님께 올립니다.

아침부터 퍼붓 내리는 함박눈이 어느새 맑으나는듯이 멈추고
밝은 햇빛이 화사하게 웃고 있습니다.

牧師님!
庚午年 해를 뒤로 하고 順以의 年 해 辛未年을
맞은지도 보름이 됩니다.
지난 해 牧師님의 가르침 가운데 항상 기뻐할수
없는 自身을 맑게 해 주시는 謙遜을 배웠습니다.
牧師님!
고맙습니다.
병상에 계셔서도 많은 學生들의 보고서 채점을
손수 다 하시고 天氣 경과도 좋으셔서 날로 날로
回復되신다는 소식을 師母 님으로부터 듣고
여간 기뻐해 했습니다.
그동안 계속 궁에서 있다가 이제는 大図 외 각택
일 쌓습니다.
밤에 자면서 牧師님이 보고 싶은 생각이 떠올라
누웠다 으로 겻을 들었답니다.
看病 하시는 師母님 께서도 기뻐하시는 얼굴이 많이
여윈 모습이었습니다.
새봄 새 학기에 다시 항상 기쁨과 웃음을
주시는 牧師님을 뵈올 줄 믿사오며
牧師님의 快癒를 비옵니다.
또 貴 家庭에 하나님의 크신 恩寵이
함께 하시는 해가 되옵시기를 祈願 하오며
이만 총총 줄이옵니다.

1991年 1月 15日 大図에서 弟子 박시태 올림

1992년 1월, 새로 지어진 집을 그리워하며 박시태는 병원에서 눈을 감는다. 그의 나이 57세였다.
부부에게 1980년대는 시련의 시기였지만, 그 어느 때보다 서로를 깊이 의지하고 믿고 살아낸 시간이었다.

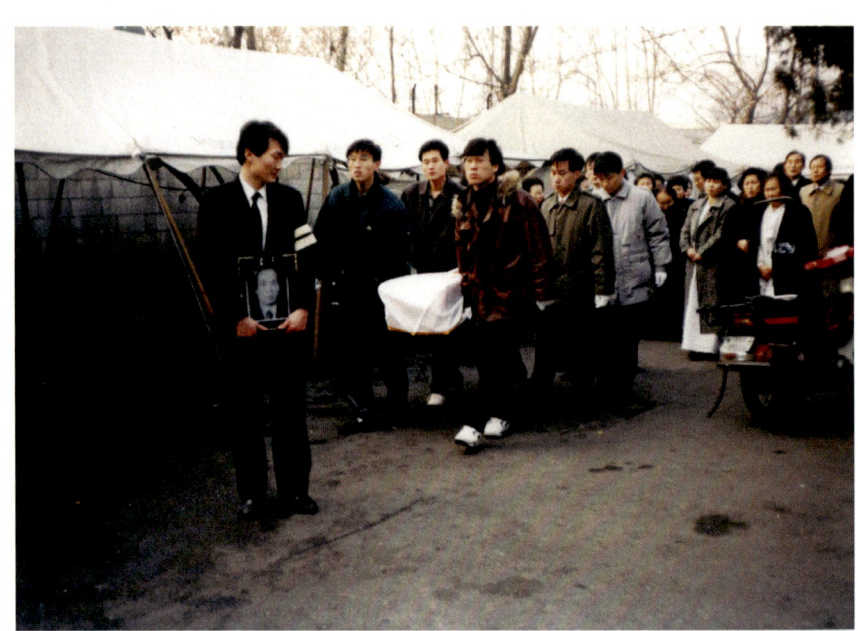

박시태 장례식_1992년 1월

박시태 장례식_1992년 1월   박시태_투병시기

8

목회자 사모에서 권사로 다시 시작하다

박시태와 김영자
1956-2024

묘비석에는 박시태가 가장 사랑하고 그 자신의 삶으로 입증해 낸 '나는 부활이고 생명이다',
라는 성경 구절이 새겨진다.

8

박시태가 세상을 떠난 1992년 1월 13일로부터 열흘 후 만삭이었던 딸이 아기를 순산한다. 하지만 김영자는 손녀 희원이 앞에서 눈물을 보일 수도 없었고, 딸의 산후조리를 도울 수도 없었다. 그녀는 남편을 생각할 때마다 슬픔을 진정할 수가 없었기 때문이다. 몇 년 동안의 간병 생활로 김영자의 몸과 마음은 이미 만신창이가 되었고 쇠진해 있었다.

너무나 급작스레 치러진 장례, 동숭동 서울대학교병원 장례식장의 그 추웠던 날씨와 너무나 준비가 부족하여 초라하기까지 느껴졌던 빈소였다. 김영자는 박시태의 묏자리를 동신교회 묘원 김세진 원로목사 곁에 만들도록 최선을 다했다. 동신교회 묘원 언덕 십자가 밑, 그리고 자신을 신뢰하고 응원해준 김세진 목사와 사랑하는 장로들과 신자들 곁에 박시태를 묻고 묘비석을 세웠다. 묘비석에는 '나는 부활이고 생명이다', 박시태가 가장 사랑하고 그 자신의 삶으로 입증해 낸 성경 구절이 새겨진다.

김영자는 한평생 공부만 열심히 하고, 그렇게 착하고 건강하며, 충실했던 남편이 그렇게 황망하게 떠났다는 것을 받아들이기 어려웠다. 그녀는 동신교회에 차마 출석할 수 없어 집 근처 세광교회에 가서 주일마다 기도하고, 조용하게 남편을 추도하며 몇 년을 보낸다. 장례를 마친 후에 사람들은 일상으로 돌아갔다. 배고프면 먹을 걸 찾고, 졸리면 잠을 자는, 예전과 같은 생활이 그녀를 기다리고 있었다. 하지만 그녀는 좀처럼 몸과 마음을 추스를 수 없었다. 그렇게 한 해가 가고 또 한 해가 흘러간다.

  1994년, 박시태가 떠난 지 2년째 되던 해에 딸이 남편의 뒤를 이어 서울대 대학원에 진학하며 김영자가 손녀 희원이를 돌보기 시작한다. 새로운 생명을 돌보면서 김영자는 삶의 리듬과 기쁨을 조금씩 회복하기 시작한다. 구산동마을 집에 새로운 임차인을 들이고 모처럼 새로운 옷을 사보기도 한다. 한동안 출석하지 않았던 동신교회에도 다시 나가기 시작한다. 정다운 교회 사람들이 항상 따뜻하게 맞아주고 위로해 주었지만, 그녀는 동신교회에서 자신의 모습이, 미망인이며 사모로서 자신의 모습이 더욱 서글펐을 것이다.

  평생을 함께해 온 동신교회, 집사에서 시작하여 목회자 사모가 되었던 자신의 모교회에서 남편을 잃었다. 이제 곧 회갑을 앞두는 나이가 될 것이다. 10대 시절, 의성 도리원에서 양반가의 딸로 안정되고 윤택한 삶을 살 수 있었지만, 김영자는 홀로 안동으로 나와 배움과 교육의 길을 선택하였다. 또한 박시태를 만나 아무런 생활의 보장이 없는 채로 서울로 나와 가정을 이끌고 알코올 의존증과 경제적으로 무력했던 시부모를 한평생 모시면서 괴로움을 숱하게 겪었지만, 끝까지 그들에게 도리를 지키고 외면하지 않았다. 박시태의 뒤늦은 신학 공부를 이해해 주었으며, 목회자 사모로서의 역할을 하고, 네 명의 아이를 키워냈다. 월세방 한 칸으로부터 시작하여 2층 다가구주택을 지었다. 남편이 병원에 입원해 있는 동안에도 노동운동에 투신한 딸이 취업한 공장이 어

8

디인지 혼자 찾아 나서기도 했다.

이제 어떻게 살아야 하는 것일까? 자문해본다. 산다는 게 무엇일까? 신앙인으로서 김영자는 하나님께 기도하고 또 기도한다. 이제까지 김영자의 삶에서 하나님은 몇 번의 시련을 주셨다. 그리고 그 시련을 이겨낼 힘과 지혜도 주셨다.

고난의 1980년대를 지나고 1990년대 중반이 되었다. 어느 날 김영자는 새로운 결심을 하게 된다. 목사 사모로서가 아니라 권사로서의 신앙생활을 다시 시작하도록 하자. 그렇게 그녀는 동신교회에서 권사에 추천되고 압도적인 투표를 받아 권사에 취임한다. 권사 취임식 날 동료 신임 권사들과 함께 곱게 차려입은 한복 차림의 김영자는 이제 온전히 슬픔을 이겨내고 새로운 삶을 준비하려는 모습이었다. 삶의 가장 큰 시련을 또다시 이겨내고 있었다.

권사가 된 김영자는 회갑을 맞이하고 제2의 삶, 자신의 독립적이고 주체적인 삶을 시작한다. 동신교회에서 권사회와 여전도회에서 예전과 같이 평등하게 모임의 회계도 맡고 총무도 맡고, 부회장에 이어 회장까지 맡으며, 그녀의 60대와 70대가 오롯이 동신교회의 신앙인으로 활약하는 데 바쳐졌다. 권사로서의 봉사를 마치고 은퇴식을 할 때까지 김영자의 몸과 마음의 건강, 신앙생활을 함께한 사람들도 역시 동신교회 사람들이었다.

김영자 58세_1993년_손녀 희원 돌잔치_박시태 1주기

김영자 59세_1994년_박시태 2주기, 딸 정원, 손녀 희원과 강원도 여행하다

김영자 60세_1995년_박시태 3주기_손녀 희원과 경복궁 산책하다

김영자 60세_1995년_박시태 3주기, 딸 정원 집에서 손녀 생일 축하하다

김영자 60세_권사 취임식
_1995년_박시태 3주기

1995년_김영자 권사 취임식_가족, 친척과 함께

김영자 60세_권사취임 축하선물받다_1995년_박시태 3주기

김영자 60세_1995년_권사취임_왼쪽에서 첫번째_박시태 3주기

김영자 60세_1995년_권사취임_앞에서 두번째줄 왼쪽에서 5번째_박시태 3주기

김영자 60세_1995년_막내아들 창민 졸업식_박시태 3주기

막내아들 창민 졸업식_큰아들 형민과 함께_1995년

박시태 3주기_김영자, 막내아들 창민 졸업식_딸 정원, 손녀 희원과 함께_1995년

김영자 61세_회갑 기념 동신교회 성지순례 여행_1996년_박시태 4주기

김영자 60대

김영자 61세_회갑기념 동신교회 성지순례 여행_1996년_박시태 4주기

김영자 63세_1998년_딸 정원 서울대
석사학위 졸업식_박시태 6주기

김영자는 이제 온전히 슬픔을 이겨내고 새로운 삶을 준비하려는 모습이었다. 삶의 가장 큰 시련을 또다시 이겨내고 있었다. 권사가 된 김영자는 회갑을 맞이하고 제2의 삶, 자신의 독립적이고 주체적인 삶을 시작한다.

9

구산동마을 집, 두 번째 이야기

박시태와 김영자
1956-2024

용기 있는 권사 김영자의 60대의 새로운 삶에 대한 소중한 보답이 하나씩 이뤄지고 있었다.
그리고 그 모든 과정에 구산동마을 집이 함께하고 있다.

9

박시태와 김영자는 1989년 1층 단독주택을 지하 1층과 지상 2층, 옥탑방을 포함하여 총 5가구로 된 2층 다가구주택으로 재건축한다. 지층 2가구와 1층 2가구는 임대하고 2층은 그들이 살 예정이었다. 재건축 공사가 진행되는 약 1년 동안, 투병 중인 박시태를 대신하여 김영자는 날마다 공사 현장에 나갔다. 집의 설계를 다듬어 가고, 공사 진행 과정을 지켜보고 감독하였다. 그녀의 섬세한 일 처리는 현장 건설 관계자들이 혀를 내두를 정도였다. 사람들이 자연스럽게 그녀가 건축학과를 졸업한 사람이라고 생각할 정도였다. 그녀가 구산동마을 집에 쏟은 정성은 결과적으로 튼튼하고 하자가 최소화된 좋은 디자인의 아름다운 집으로 나타났다.

1970년 재직하던 학교의 이전에 따라 살림집을 이사하면서 사들인 아담한 1층 주택은 그렇게 20년 만에 새롭게 탈바꿈된다. 네 가구를 임대하면서 받는 월세는 박시태가 동신교회를 사직한 이후 약소한 과천교회 교육 목사 사례비와 신학대 강의료를 보완해줄 수 있는 소중한 생계 수입이 되었다. 그리고 아직 학생인 아이들의 교육과 생활, 그리고 병원비를 마련하는 데 도움이 된다.

하지만 새로 지은 이층집에서 박시태와 김영자가 함께 산 기간은 겨우 1년 남짓뿐이다. 김영자는 20년 전과 마찬가지로 집의 커튼과 거실 카펫, 소파와 주방 가전제품들을 마련한다. 그것들은 하나씩, 그러나 섬세하게 고려된 미적 감각으로 집의 분위기를 만들어갔다.

단아하지만 결코 초라하지 않고, 화사하지만 결코 사치스럽지 않은 집이 바로 구산동마을 집이었다.

　김영자는 구산동마을 집을 사랑하였고 그곳에서 항상 평안을 느낀다. 1990년대 이후 강남에 이어 일산 등 신도시 붐이 일어나고 아파트 열풍이 번져가면서, 집이라는 것이 온통 아파트 중심으로 쏠려도 김영자에게 구산동마을 집은 최고의 안식처였다. 이 집터에서 박시태와 교사 가정을, 그 누구보다 빨리 교사 중산층의 살림을 정착시켜 냈고, 목회자 시절과 투병 생활 중에는 전세를 주어 항상 부족할 수밖에 없던 생활비를 보충해 주던 곳이었다. 2층 창 아래 소파를 두었는데 이 소파에 앉아 거실 너머로 보이는 대각선 건너편 부유한 단독주택의 넓은 정원의 잘 관리된 조경을 계절이 바뀔 때마다 바라보는 것도 소소한 즐거움 중의 하나였다.

　1970년대에 마련한 영창피아노는 이전 집에서처럼 새집에서도 거실에 놓였다. 피아노 위에는 예전과 마찬가지로 부부가 사랑하던 종교음악 LP집들과 메트로놈이 나란히 위치하였다. 박시태가 모은 수많은 책이 거실 벽을 장식하고 뒤쪽 베란다 벽까지 채워 거실 전체가 서재 분위기를 풍기게 되었다, 김영자는 남편이 사들이는 수많은 책을 두고 한때는 불만을 제기하기도 했으나 그의 책들은 어떤 것도 버려지지 않고 수십 년 구산동마을 집의 다채로운 풍경 중 하나를 이루게 된다.

9

　남편과 사별 후 김영자는 동신교회 권사로서 적극적인 교회생활을 다시 시작하는 한편, 구산동마을 집 1층 2가구를 큰아들과 막내아들의 신혼 살림집으로 내어준다. 김영자와 박시태는 양가 부모의 아무런 도움 없이, 그들 스스로의 힘으로 월세방 한 칸으로부터 시작하여 30대 중반에 단독주택 집을 샀다. 하지만 시대는 많이 변화되어 1990년대에는 부모로부터 최소한의 도움을 받지 않고 결혼과 신혼집을 마련하는 젊은이들은 거의 없었다. 또한 신랑 쪽에서 집을 마련하고 신부 쪽에서 살림살이를 마련한다는 결혼의 관례는 아직도 강하게 남아 있었다.

　부모 스스로가 어떠한 처지에 있어도 자식에게 부모로서의 할 의무를 다하고자 하는 마음, 부족함을 내색하지 않는 마음이 그들 부부의 마음이었다. 그것은 그녀가 박시태의 부모를 대하는 마음이기도 했다. 그것은 박시태와 김영자가 교육받은 내용과 종교적 신앙의 진실한 모습을 보여주는 것이다. 그들은 배운 대로 자신의 삶에서 일관되게 실천하며 살았다. 경제적 어려움이 한평생 그들의 삶에 위협이 되었지만, 그들은 자식으로서 의무도 부모로서 의무도 소홀히 하지 않았다. 투병 생활 속에서도 딸의 약혼식을 치러냈다. (약혼식 비용은 신부 쪽이 전적으로 부담하는 것이 1980년대의 결혼 관습이었다.) 치매와 알코올 의존증 시부모를 시설에 맡기지 않고 오롯이 돌보았다. 그러나 그것은 한 인간이고 한 남성과 여성이기도 했던 박시태와 김영자에게 적지 않은 고뇌가 되었을 것이다.

 구산동마을 집이 없었다면 홀로 된 김영자가 두 아들의 신혼집을 어떻게 마련할 수 있었을까? 동신교회의 오랜 신뢰 관계로 다져진 수많은 신자의 관심과 사랑이 아니었다면 홀로 된 김영자가 두 아들의 결혼식을 어떻게 치러낼 수 있었을까? 이것은 새롭게 권사로서 신앙생활을 시작하며 애도의 슬픔을 이겨가면서 1990년대를 살아낸 김영자에게는 큰 선물과 같은 것이었다.

 이 시기 환갑을 맞이한 그녀는 기념으로 동신교회 신앙의 벗들과 함께 유럽 성지순례 여행을 떠나게 된다. 그녀는 권사의 취임식과 두 아들의 결혼식, 유럽 여행과 함께 딸의 대학원 학위 수여식에 참석하고 손녀의 유치원 입학식에 이어 손자의 돌잔치에 참석하게 된다. 용기 있는 권사 60대 김영자의 새로운 삶에 대한 소중한 보답이 하나씩 이뤄지고 있었다. 그리고 그 모든 과정에 구산동마을 집이 함께하고 있다.

김영자 54세_1989년_구산동마을 집을 재건축하다_공사현장 지켜보다

구산동마을 집

구산동마을 집 2층 입구

구산동마을 집_2층 현관문

단아하지만 결코 초라하지 않고, 화사하지만 결코 사치스럽지 않은 집이 바로 구산동마을 집이었다. 김영자는 구산동마을 집을 사랑하였고 그곳에서 항상 평안을 느낀다.

구산동마을 집 2층거실 창문에서 바라보는 건너편 3층집 정원

구산동마을 집 1층_오른쪽 집은 큰아들 내외가 살고, 왼쪽 집은 막내아들 내외가 신혼살림집으로 살았다.

구산동마을 집

김영자, 큰아들 형민과_박시태 묘소에서

큰아들 형민 부부

김영자 63세_1998년_생일에 큰아들 형민과 함께

김영자 58세_1993년_구산동마을 집_딸 정원, 손녀 희원과 함께

딸 정원 부부 손녀 희원_박시태 4주기_1996년

김영자_1996년_구산동마을 집_딸가족 세배_박시태 4주기

막내아들 정민 부부, 손자 준호_2000년_박시태 8주기

김영자 70세_2005년_생일기념_두 아들 가족과 함께

김영자 생일 가족모임_1999년 64세

김영자 65세_2000년_동신교회 가정의 날 야외행사 가족들과

김영자 65세_2000년_동신교회 가정의 날 야외행사_가족들과

2002년_김영자 67세_추석 가족모임_구산동마을 집 거실에서

10

박시태의 노트와 10주기 유고집

박시태와 김영자
1956-2024

57세에 박시태와 이별한 김영자는 10년만에 그의 유고집을 출간한다.

10

1992년 1월 박시태가 황망하게 떠나고 10여 년이 지나갔다. 2000년, 새로운 세기의 힘찬 출발을 알리는 행사들이 화려하게 펼쳐진다. 김영자는 어느덧 60대 중반이 되었다.

김영자는 박시태가 목회하던 동신교회에서 권사로 임직을 받았다. 두 아들을 결혼시키고, 새로 지은 2층 다가구주택의 1층 양쪽을 신혼집으로 내주었다. 지층 두 가구에서 나오는 월세와 자식들이 주는 약간의 용돈으로 자립적인 경제활동을 한다. 그녀는 뒤늦은 학업 중이던 딸을 위해 손녀 희원이를 전적으로 돌봐주었다. 멀리 떨어져 있는 손자의 재롱을 보러 지방 나들이를 다녀오기도 하였다. 권사로서 교회의 활동에 주도적으로 참여하고, 2층 다가구주택 주인으로, 임대활동과 집 운영을 도맡아 관리하였으며, 손녀 희원이를 키워주면서 바쁜 날들을 보낸다.

2000년대를 맞이하면서 김영자가 가장 서두른 일은 박시태의 유고집 출간이었다. 2002년 1월은 남편이 세상을 떠난 지 10주기가 된다. 약 1년 전부터 그녀는 자식들과 의논하면서 남편의 유고집을 어떻게 구성할지 고심을 거듭한다. 너무도 초라하고 급박하게 치러진 장례, 그녀는 그를 그렇게 보낸 것이 한없이 서러웠다. 유고집 첫 장은 박시태가 지은 시 '생명의 열매'를, 책 표지 뒷장에는 박시태의 서울대학교 대학원 석사 학위 논문 구절 중의 한 문장이 선별되었다.

'생명의 열매'는 박시태가 투병 생활할 때 지은 시로 추정된다. 그는 철두철미 종교인으로서 자신의 삶을 의식하고 있다. 박시태는 자신이 잠이 들고 깰 때, 입을 열고 말할 때, 코가 숨 쉬고 손이 움직이고 발이 걸을 때 절대자의 형상을 보고, 그를 높이며, 그의 말과 힘과 인도를 기원한다. 자신의 삶이 생명의 열매 그 자체가 될 수 있도록 기도한다. 그것은 박시태의 장로회신학대학교 신학대학원 졸업논문 구절과도 일맥상통한다. 자신이 논문에서 다룬 사도 바울의 삶은 "그의 신앙생활은 문자 그대로 산 제사였고 마치 모든 것이 하나님께 의존하고 있는 것처럼 그의 전체를 하나님께 맡긴 반면, 마치 모든 것이 자기에게 의존한 것처럼 하나님 앞에서 고귀한 싸움을 하고, 자신의 책임을 다하여 그 자신의 달려갈 길을 다 간 사도"의 삶이었다. 박시태의 한평생 삶도 그러한 것이었으리라.

김영자는 박시태가 50대에 투병 생활 중에 날마다 병상노트에 기록한 공부 내용, 40대에 장로회신학대학교를 졸업할 때 제출한 바울에 관한 학위 논문, 그리고 20대 후반에 작성한 서울대 대학원 석사 학위 논문을 배치했다.

그리고 유고집 앞부분에 실릴 추모글을 써줄 사람들을 세심하게 결정해 갔다. 계성고등학교 시절부터 박시태의 삶을 항상 함께했던 장로, 교사로서 박시태의 삶과 함께한 예일학교 동료이던 교장, 동신교회에서 신앙인과 목회자로서의 삶을 수십 년 동안 함께 한 교회 장로가 그들이다.

10

또한 유고집에는 지동소 집사와 김석주 집사가 진행했던 박시태의 병상 인터뷰 내용도 실었다. 지동소 집사는 정신여고 교장으로 당시 동신교회 「동신지」의 편집주간이었고, 김석주 집사는 박시태가 잠시 동신교회의 교육 목사로 있을 때 고등부 지도교사였다.

책의 마지막에는 김영자가 「동신지」에 실었던 글 '흰 봉투'를 싣기로 결정한다. 박시태의 유고집은 이렇게 김영자의 세심한 고민과 계획이 담긴 책으로 만들어졌다. 마치 구산동마을 집이 김영자의 세심한 고민과 계획으로 재건축된 것과 같다.

약 1년여 준비 끝에 2002년 1월, 박시태의 10주기를 추모하는 유고집 『아버지의 선물』이 출간된다. 유고집 출간은 딸의 후배가 대표로 있던 곳에서 흔쾌히 맡아주었다. 출판기념회 장소는 국립의료원 부속 건물에 있던 북유럽식 뷔페식당이었던 '스칸디나비아'로 결정되었다. 김영자는 출간기념회에 초대할 사람들에게 연락을 취하고, 출간 비용을 손수 마련하였다. 박시태의 유가족 대표로 김영자는 참석해 준 손님들에게 마음을 다하여 감사를 표시한다. 김영자의 감회는 어떠했을까? 출판기념회는 동료 권사들의 축하 합창과 식사 및 기념촬영 등으로 이어졌다. 규모가 크지는 않았지만, 이날의 행사는 박시태의 영혼을 얼마나 기쁘게 했을까? 이 조촐한 행사는 김영자의 마음을 얼마나 뭉클하게 했을까?

박시태와 김영자의 아들과 며느리, 딸과 사위, 사돈들, 추모글을 써준 옛 동료들은 모두 학교의 교장 또는 교회의 목사와 장로였다. 김영자의 오빠도 학교 교장이었다. 김영자는 어렸을 때부터 오빠의 사랑과 신뢰를 받고 자랐다. 김영자에게 몇 번의 시련이 있었지만, 이제 남편의 영혼을 위로하고, 부부 자신의 삶을 위로하고 축복하는 시간을 가지게 된 것이다.

『아버지의 선물』의 표지에는 교회당 의자 위에서 박시태가 마르고 닳도록 읽었던 성경책이 펼쳐져 있고, 그 옆에 나란히 놓인 박시태의 노트와 박시태의 젊은 시절 사진 한 장이 있다.

박시태가 젊었을 적 절대자에게 자신의 삶을 서약한 대로, 그는 충실한 삶을 살고 떠났다. 김영자는 무소의 뿔처럼, 홀로 꿋꿋하게, 가족을 먹이고 입혔으며, 권사로서 박시태의 책을 출간하게 되었다.

박시태의 노트에는 그 어느 부분에도 자신의 힘겨운 생활을 토로하거나 분노하는 사적인 감정이 거의 없다. 그의 시가 말해주듯이 오로지 그것은 묵상과 사색, 공부의 노트였다. 박시태의 모든 단상에는 반드시 출처가 명시되어 있었다. 하나의 단상에 여러 출처가 달려 있는 경우도 많았다. 그는 종교인이되 무엇보다 공부하는 학자였다. 그가 설교할 때도 이러한 원칙은 지켜졌다.

목회자의 설교는 '사사로운 행위'가 절대 아니다. 1960년대와 1970년대의 한국의 교회가 그러했듯이 목회자들의 학문적 소양과 설교를 대하는 태도는 한평생 자신을 투명하게 담아내는 그릇이었다. 지

10 금 이런 일을 되돌아보면, 현재의 한국 교회의 위기는 사실상 목회자의 위기가 주된 것이기에 박시태의 삶이 오히려 눈물겹도록 귀하고 빛나 보인다. 이것은 교육과 종교의 역설이다.

박시태 10주기 유고집 표지

●성 구	동신	발행인 한 기 원
여호와를 찬송할 것은 극히 아름다운 일을하 셨음이니 온세계에 알 게 할찌어다. (시12 : 5)	Dong Shin Monthly	편집인 지 동 소 주간김 석 주 1984. 4 .15 발행(격월간) 서울 종로구 창신동432 ☎ 764-1181~4 대한예수교 동신교회 장로회

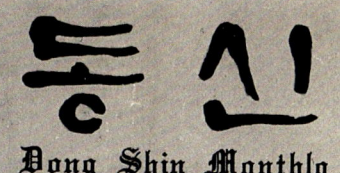

제 75호

1984년_동신교회〈동신지〉표지_박시태의 시 게재

생명의 열매

박 시태 목사

주여, 내가 잠잘 때 꿈속에서
내 주를 보게 하소서

주여, 내가 잠깰 때
주의 형상으로 만족하게 하소서

주여, 내 입을 열 때에
주를 찬양하게 하소서

주여, 내 손이 움직일 때
주의 능력의 손이 되게 하소서

주여, 내 입이 말할 때
힘이 있는 주의 말씀이 되게 하소서

주여, 내 코가 숨쉴 때
주의 생기, 성령으로 채우소서

주여, 내 발이 걸을 때
주의 말씀과 성령의 인도를 받게 하소서

내 온 몸이 산 재물이 되어
생명의 열매를 맺게 하소서

〈병상의 기도문〉

1984년_박시태의 시_투병 2년차_동신교회 〈동신지〉에 게재

박시태 10주기 유고집 출간 기념행사_2002년_김영자 인사말_67세

박시태 10주기 유고집 출간 기념행사_유가족

딸 정원 유고집 제작과정 설명하다_2002년

출간기념행사를 마치고_오른쪽부터 큰아들 형민, 김영자, 김석주 목사(동신교회 당시 고등부 재직 전도사), 딸 정원, 막내아들 창민

김영자에게 몇 번의 시련이 있었지만, 이제 남편의 영혼을 위로하고, 부부 자신의 삶을 위로하고 축복하는 시간을 가지게 된 것이다.

출간기념행사_왼쪽부터 큰아들 형민, 딸 정원, 박시태 동창 이상율 장로 내외, 김영자, 막내아들 창민

출간기념행사_오른쪽부터 딸 정원 사돈 내외, 막내 자부, 큰아들 형민, 막내아들 창민

김영자, 딸 정원_출간행사를 마치고_스칸디아비안 클럽

출간기념행사 사진편집_사위 신중 작업

출간기념행사 사진편집_사위 신중 작업

김영자_동신교회 행사 테이프컷팅_오른쪽에서 4번째

김영자 66세_2001년_동신교회 교우와의 여행

김영자 66세_2001년_동신교회 교우들과의 여행_오른쪽에서 2번째

11

김영자의 가계부 일기와 '흰 봉투'

박시태와 김영자
1956-2024

김영자는 슬픔과 눈물로 밤을 지새우는 사람이기도 했지만 '동시에' 스스로의 삶에서 주도적으로 지혜와 용기를 실현해 가는 사람이었다.

11

김영자의 모든 생활에는 놀랍게도 웃음과 유머가 항상 있었다. 그녀는 본래 명랑하고 선하며, 재치 있고 사려 깊은 사람이다. 슬픔과 눈물로 밤을 지새우는 사람이기도 했지만 '동시에' 스스로의 삶에서 주도적으로 지혜와 용기를 실현해 가는 사람이었다. 그녀는 20대부터 가계부 일기를 쓰기 시작했다. 훗날 김영자가 2013년 세상을 떠났을 때 아들과 딸은 엄마의 구산동마을 집과 함께 엄마가 남긴 30여 권의 가계부 일기를 소중히 보관하면서 곁에 두고 수시로 읽곤 했다.

그녀의 하루치 가계부 일기 분량은 서너 문장 정도였다. 하지만 김영자의 희노애락이 간결하게 담겨 있고, 그것이 하나하나 이어졌다. 그 결과 한 해 동안 쓰인 가계부 일기에는 그해 김영자의 마음이 핵심적으로 들어 있다. 결국 김영자의 가계부 일기는 그녀가 쓴 편지들과 함께 그녀의 삶을 스스로가 어떻게 받아들이고 있는가를 확인할 수 있는 귀중한 자료가 된다. 김영자가 쓴 가계부의 내용은 그 자체로 1970년대부터 2000년대까지의 한 가정, 교육자 가정, 목회자 가정의 생활문화를 엿볼 수 있게 해준다.

1967년 2월 일기에서 김영자는 "한복 한 벌 해 입을까 해서 나가 봤으나 결국 못하고 돌아왔다…장을 장만하려면 절약해야 할 텐데요 며칠 사이 너무 많이 썼구나"라고 적었다. 그날 택시비가 300원, 생선과 무가 합해 170원이었다. 다음 날에는 "이불을 만드는 데에 무척이나 힘에 겨웠다. 숙이(가사도우미)가 있었으면 내가 얼마나 편했을까? 빨리 사람을 구해야 할 텐데, 내가 또 나가봐야지"라고 적었다. 이날 빵값은 20원, 무와 콩나물은 30원이다.

큰아들이 초등학교에 입학하던 즈음 김영자는 일기에 "큰아들 민이가 무척이나 활발하고 의젓해서 마음이 흐뭇하다. 가난에 젖지 않는 얼굴과 성격을 갖게 잘 키워야겠다. 지금 같아서는 조금도 남에게 뒤지지 않는 것이 또한 다행스럽다. 딸 정원, 둘째 아들 수민, 막내 아들 창민 모두가 귀여운 존재다"라고 적었다.

1980년대 중반, 한창 딸 때문에 마음고생이 심하던 어느 날 일기에는 "결국 딸 정원의 구두가 두 컬레가 되었다. 한참 웃었다. 사주지 말라던 아빠가 또 사왔으니"라고 적었다. 힘들던 그 시절에도 "막내 아들 창민이가 서울역에서 3마리에 1천 원을 주고 사온 물오징어로 오징어볶음을 해주었다. 맛있게들 먹었다"라고 적었다. 막내가 군대에 가 있을 때의 염려가 담긴 일기도 있다. "우리 막내 창민이는 크리스마스 잘 지냈을까? 우린 항상 푸짐하게 먹고 지내서 막내 창민이 생각이 난다"라고 적었다. 박시태가 동신교회 사직 이후 사택에서 나와야 했을 때는 "아빠(박시태)와 함께 병원에 갔다. 오는 길에 냉면도 먹고. 구산동마을 집으로 다시 들어가기로 마음을 정했다. 얼마나 견딜 수 있을지. 은행에서 50만 원 인출해서 계약금으로. 오늘 수혈했다. 온몸이 부은 건 별로 염려할 것 아니라고 해서 안심이다"라고 적었다.

11

1990년대 중반, 박시태와 사별한 후 김영자는 권사로 다시 삶을 시작하고 나서 동신교회 40주년을 기념하는 「동신지」 특대호에 '흰 봉투'라는 글을 게재하게 된다. 그녀는 이때 심경을 가계부 일기에 "40주년 특대호에 내가 쓴 흰 봉투의 원고가 실렸다. 사진과 함께. 무척 기쁘다. 슬픔을 딛고 일어선 내 모습이 보기가 좋다. 모든 분들도 다 그렇게 생각한대"라고 적었다. '흰 봉투'는 시련의 1980년대를 살아내게 한 교회 신도들의 사랑에 고마워하는 마음을 담은 글이다.

박시태가 담당했던 동신교회 1교구의 신자들과 수십 년 동안 교회에서 신앙과 삶을 함께하던 사람들, 교회 장로들과 수많은 집사들이 십시일반으로, 수시로 투병하던 박시태를 잊지 않고 찾아주고 그들의 빈한한 생활에 작은 선물과 금일봉 들을 흰 봉투에 전해준 것이다. 그것은 대가를 바라지 않은 순수한 사랑과 신앙의 표현이었고 그녀는 그 사랑의 힘을 잊지 않고 글로 써 내려갔다. 특히 이름을 밝히지 않고 전해진 흰 봉투들에 눈물을 많이 흘렸던 것이다.

김영자는 자신의 글을 시작하면서 마태복음 25장 40절을 가장 처음에 적었다.

> 내가 진실로 너희에게 이르노니 너희가 여기 내 형제 중에 지극히 작은 자 하나에게 한 것이 곧 내게 한 것이니라.

세속의 관점에서 볼 때 당시 투병 중이던 박시태와 그 곁에서 그를 돌보던 김영자는 지극히 작은 자였다. 그들은 지극히 작은 자이지만 사실은 지극히 큰 자였다. 지극히 큰 자와 지극히 작은 자는 동일한 인물이다. 그것이 박시태와 김영자가 배운 것이고 한평생 믿었던 것이고 지극히 어렵고 고단한 중에도 진실하게 실천하며 살던 두 사람의 크기였다.

김영자는 박시태가 세상을 떠난 지 10년 만인 2002년에 남편의 유고집을 펴내었고, 유고집을 펴낸 이후 10년을 권사로 동신교회 여전도회 회장까지 마친 후 2009년 감사패를 받는다. 감사패를 받았을 때 김영자는 70대 중반이 되어 있었다. 그로부터 3년 후인 2013년 청명한 가을날, 김영자는 자신의 78번째 생일 이틀 후에 세상을 떠난다. 김영자는 박시태가 잠들어 있는 포천 동신교회 묘지에 함께 묻힌다.

김영자의 글 〈흰 봉투〉, 61세, 1996년, 동신교회 소식지 게재글에서 발췌

흰 봉투

　나는 내가 가장 슬프고 어려움을 당하였을 때 도움을 주고 기도해 준 교회와 여러 교우들에게 진심으로 감사한 마음을 간직하고 있다.

　1983년 4월 3일 주일이었다. 남편 박시태 목사님은 병원에 입원 중이었고 나는 교회에서 예배를 드리고 곧장 집으로 돌아와 있었다. 잠시 후 초인종 소리가 울려서 내가 보았더니 남자 집사 두 분이 서 있었다. 내게 흰 봉투를 내밀었다. 구로 1구역이라고만 적힌 봉투 안에는 일십만 원짜리 수표 한 장이 들어 있었다. 순간 나는 왈칵 북받쳐 오르는 감정을 억누를 수 없었다. 나는 봉투를 방바닥에 놓고 그 앞에 무릎을 꿇고 기도를 드렸다. 하나님, 이 봉투의 주인에게 몇 배로 갚아주소서. 서럽고도 슬프고 외롭고도 고마운 그 착잡한 심정이 나를 한없이 한없이 울게 하였다.

　1983년 2월, 남편이 처음 백병원에 입원했을 때 모 대학교수로 재직 중인 남 집사께서 교회 사무실을 통하여 흰 봉투를 전해 준 일이 있었다. 그것을 남편에게 보여주었을 때, 남편은 기운 없는 목소리로 "고맙다, 참 고맙다."

고 하던 모습이 지금도 눈에 선하다.

한번은 남편이 고열로 위급한 때였다. 응급실과 입원실에서 여러 날을 보내고 퇴원했다 … 그런데 뜻밖에 남편의 교편 시절 동료 두 분(황명주 교장, 송덕호 교감)이 찾아왔다. 지난밤에 남편 꿈을 꾸었다고 말했다. 그날따라 비가 내리고 있었는데 우산을 받쳐 들고 찾아와 주었다. 이런저런 신앙 체험과 투병에 도움이 되는 말을 하고 간절히 기도를 드린 후 흰 봉투를 놓고 간 일도 있었다.

1984년 12월 10일, 고 강병주 사모님(고 김세진 원로목사 사모)께서는 '환란 중에 나를 부르라. 내가 너를 건지리니 네가 나를 영화롭게 하리로다'는 시편 50편 15절 말씀과 함께 큰 사랑을 보내 주셨다. 1985년 6월 어느 날, 미국에서 목회하는 동기 목사께서 소식을 듣고 어렵게 집을 찾아 와 놀랄 만큼 사랑의 봉투를 놓고 간 일도 있었다. 그분들의 사랑을 네 어찌 잊을 수가 있으랴! 나는 늘 감사하면서 살아가고 있다. 어떠한 역경 속에서도 하나님께 감사할 조건은 언제나 있다는 것을 깨달았으니….

1967년_김영자_32세_가계부일기

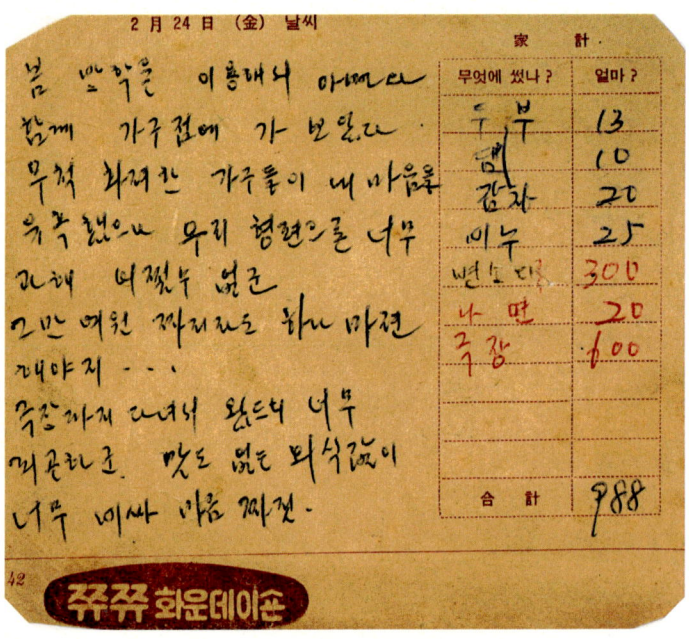

1967년_김영자_32세_가계부일기

	16 일 (목)		17 일 (금)		18 일 (토)		19 일 (일)		소계
	내용	금액	내용	금액	내용	금액	내용	금액	
주	댐뿌라	30	오이	35	계란	120			
어	시회,두부	40	냉차	20	오이,두부	45			
마	은날음요	30			콩나물시레	55			
기					김치겨절 생선	120			
계		100		55		390			1195
주									205
의							피복	370	370
조					설탕	65			130
	차전거료	70	간식 빵비	45	간식	30	화면옷소	130	568
가									
전									
연									
의									250
보	빨래미누	38			바지다림	20			120
교	음악책	10	스뎐의욕	30					588
사									490
통	삐스비	10	뻐스비	10	뻐스비	60	뻐스비	10	90
							전금	110	
							민이	10	120
세									
거									
래		228		150		465		630	4631

정전이 친차 되시고
배우러 다선다…
정원아니 무척 부러
위한나 우저정원에
도 다돌아이들에게
히저저 즐거 여면게
가꾸고 매워처우리

토마토 2근 140
콩사이다 125
빼ㅡ사 350
615
65
680

1997년_김영자_62세_가계부일기 표지

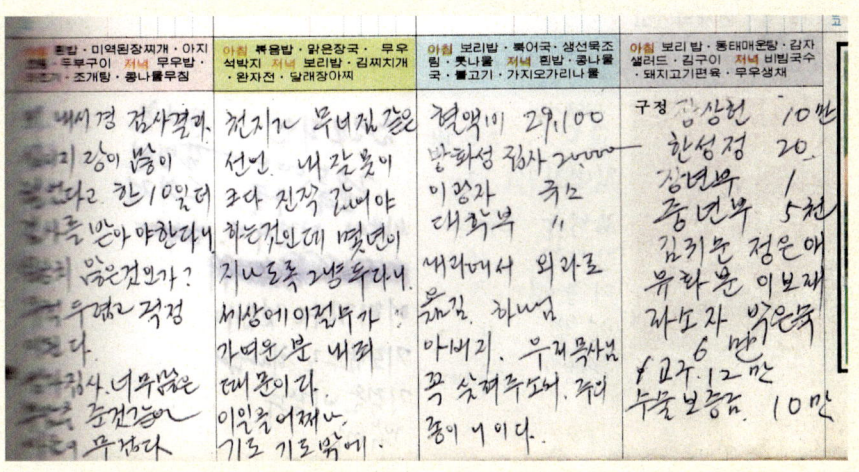

1983년_김영자_48세_1월의 가계부일기

1983년_김영자_48세_2월의 가계부일기

"천지가 무너짐 같은 선언, 내 잘못이 크다.
진작 갔어야 하는 것인데 몇 년이 지나도록 그냥 두다니 세상에 이럴 수가.
가여운 분 내 죄 때문이다. 이 일을 어쩌나. 기도, 기도밖에."

1983년_김영자_48세_3월의 가계부일기

"이젠 내 마음도 어느 정도 담담하다. 진실과 선하게 살아오신 분에게 하나님께서 잠시 시련을 주시는 것이라 믿고 싶다."

1988년_김영자_53세_1월의 가계부일기

"구로 일 구역에서 1십만 원, 김시곤 집사님께서 주신 것이다. 믿어진다. 고맙다. 교회에 많은 덕을 보는가 싶다. 나는 울며 기도드린다."

1988년_김영자_53세_2월의 가계부일기

"88년은 우리 가정에 큰 축복의 해가 될 것이다. 우리 가정에 검은 구름은 걷히고
활짝 갠 날씨처럼 축복의 나날이 될 것이다."

1988년_김영자_53세_3월의 가계부일기

아침 흰밥·김칫국·달걀시금치알이·다시마튀김 저녁 보리밥·민어매운탕·전유어·오징어조림·파김치	아침 토스트·베이컨달걀무침·크림수프·샐러드 저녁 흰밥·도가니탕·두부김치볶음·시금치나물	아침 굴아채죽·두부양념조림·마늘장아찌 저녁 보리밥·새우젓국찌개·사슬적·숙주나물무침	아침 보리밥·유부조개된장국·실파강회 저녁 흰밥·어패류모음냄비·무우생채
목욕을 다녀와서 정원희 머리를 주저 온데 하루해가 다 갔다. 뒤 허리가 몹시 아팠다. 기능카나가 없으므로 허리를 쓰지 못한다는 말 실감난다. 빨래할때나 주부질때	인아가 공부하느라 잠을 제대로 못 자는것 같다. 경쟁 사회니까 경쟁 하려면 남보다 더 열심히 해야하니까. 그러나 건강 해칠까 염려도 된다.	서 집사가 떡을 했다. 깍두기와 할머니 저거까지 사가지고 다녀갔다. 착하고 고마운 사람. 넉넉히 택시비를 쥐 보냈다. 내 굿은일 에 또 도움을 줄것이니.	서촌제 교회에 다녀왔다. 언제나 저점쯤 하께. 잠도 건도 아닌 평교인. 그렇구고 봉사사모도 제대로못하고 이전시험 언제까지 갈까?

1988년_김영자_53세_8월의 가계부일기

아침 콩밥·조개탕·명란찜·시금치 케첩무침 저녁 보리밥·호박새우젓찌개·꽁치튀김·장조림
김석주 목사님이 전화 희어서신학교 이격서 제출 얼마나 기쁜지! 건강 회복한것도 감사한데. 신학교 강의를 맡게 된다면

"서 집사가 떡을 했다고 깍두기와 할머니 기저귀까지 사가지고 다녀갔다.
착하고 고마운 사람. 넉넉히 택시비를 줘 보냈다. 내 굿은일에 또 도움을 줄 것이니."

1988년_김영자_53세_9월의 가계부일기

가계부일기(1988-5)

"목사며, 신학자가 꿈이었는데 그 꿈이 이루어지는 셈. 얼마나 기쁜지. 하나님께서 높이 들어 쓰시겠지. 자신을 위해서나 아이들 장래를 봐서도 얼마나 기쁜 일인가."

가계부일기(1988-6)

아침 배추된장국·장조림·숙주고기볶음 저녁 흰밥·동태무우찌개·고비나물·보쌈김치	아침 프렌치토스트·닭국물수프·모음과일샐러드 저녁 흰밥·갈비찜·호박전·도토리묵무침
수면이 제대로 안자 기다렸으나 오지 않았다. 아마 제대전 예배 덕 훈련이 있는 모양 금년 일년 열심히 공부하여 목표의 대학에 입학해야지	헌신발을 드렸더니 꽃 사라를 주셨다. 라일가게 할머니 정. 오고 간 것. 배추 한 포기 2000 양배추 1500 파 1000 감자가 100%로 쳐서 5000원이 되었다.

가계부일기(1988-7)

오늘의 식탁	아침 흰밥·미역국·오징어조림·두부전 김 저녁 보리밥·콩나물된장찌개·불고기·상치쌈	아침 쇠고기덮밥·달걀맑은국·감자유부조림 저녁 팥밥·꽃게매운탕·시금치나물	아침 완두콩밥·콩나물국·연어구이·무우조림 저녁 찹쌀·갈비무우국·콩나물무침·풋고추전
〈금주의 메모〉 아빠 수술 5 주년이다 백병원에 입원 수술 받은지 만 5년이 지난 셈 이다. 깨마다 이때면 그때 가 생각나 눈시울을 적신다 이젠 괜찮겠지	〈자유일기〉 먼 유스호스텔 교육 받느게 전화 왔음. 그런데 수면이가 오지 않은것이 이상하다. 제대일 이 이렇게 늦어 지다니. 학원 등록 문제도 있는데).	창민 통신 기도 원에서 대학부 동계 수련회 떠났다. 대학부에 갓 나가는 것이 다행이다. 인이는 돌아오고. 어느곳으로 발령받게 될지 신경이 쓰인다.	어제밤 백 선생에게 서 전력 연락 받았 을 찾아 주는 그 써비가 고맙다. 기다리던 수면이가 돌아 왔다. 얼마나 기쁘고 감사찬거 ! 정상으로 돌아온 그 얼굴 기뻐다 기뻐

가계부일기(1988-8)

"아빠 수술 5주년이다. 백병원에서 수술을 받은 지 만 5년이 지난 셈이다.
해마다 이때면 그때가 생각나 눈시울을 적신다."

가계부일기(1988-9)

"민 졸업식
취직을 미리 한 졸업식이라 더욱 빛났다.
여러 아이들보다 우리 민이가 가장 잘 나 보였다.
우리 식구 모두 축하해."

"창 입학식
예매하지 못한 실수로 기차 여행을 한 셈이었다.
건물도 좋았고 모두 축하해 주었다."

가계부일기(1990년대)

"오늘도 난 지난날 기막힌 순간을 생각하며 눈물을 흘렸다."

가계부일기(1992년)

아침	정어리햄버거, 토마토샐러드, 우유	아침
저녁	가지냉국, 미더덕찜, 무장아찌	저녁

정원이랑 함께
껄롯데 호텔
35층에서
유럽식 점심
돈이 아까웠다.
덕수궁에도 가고.

가계부일기(1994-1)

아침 • 당면국, 깻잎전, 가지나물	아침 • 프렌치토스트, 소시지구이, 샐러드	아침 • 무국, 달걀말이, 표고버섯볶음
저녁 • 콩나물국, 닭살냉채, 부추잡채	저녁 • 낙지전골, 깻잎부각, 가지나물	저녁 • 오이냉국, 소라오이초채, 감자전

정원 희원
데리고 옴.
앞으로 열흘동안
희원이와 더불어
지내야지.

정원 일본으로
감.
창민 아르바이트
30만원 중
25만원 입금.

교회 못감.
포너맨 선풍기
사가지고 옴.

가계부일기(1994-2)

"정원, 희원 데리고 옴. 앞으로 열흘 동안 희원이와 더불어 지내야지."

김영자_70대

김영자는 자신의 글을 시작하면서 마태복음 25장 40절을 가장 처음에 적었다.

내가 진실로 너희에게 이르노니 너희가 여기 내 형제 중에 지극히 작은 자 하나에게 한 것이 곧 내게 한 것이니라.

12

네 개의 노래

박시태와 김영자
1956-2024

나는 내 눈물의 기도와 정성이 하나님을 움직일 것이라는 믿음으로 살았다.

12

　박시태와 김영자는 음악을 사랑하고 음악과 함께 한평생을 살았다. 박시태는 계성고등학교 시절부터 성악에 자질이 있었다. 음대에 진학하여 성악을 전공하고 싶어 했으나 신학에의 열망이 더 중요했기에 종교학과를 선택하였다. 김영자는 도리원교회에서 오르간을 치면서 스스로 음악적 기량을 키워갔다. 1970년대 구산동마을 집에서 피아노를 가르치고 어머니합창단 활동을 하였으며 교회에서 각종 행사나 모임에서 필요하면 찬송가 반주를 척척 해내는 사람이었다. 박시태와 김영자는 함께 〈지붕 위의 바이올린〉과 같은 뮤지컬을 즐겼으며 거실 피아노 위에는 메트로놈과 함께 두꺼운 세계종교음악곡집 LP집과 같은 음악 교본들이 하나씩 늘어갔다.

　만년의 브람스는 클라라 슈만의 죽음을 예상하고 4개의 엄숙한 노래를 작곡했는데, 전도서와 집회서 등의 내용을 바탕으로 직접 가사를 붙였다. 또한 만년의 리하르트 슈트라우스도 헤르만 헤세의 시에 곡을 붙여 4개의 노래를 작곡했다. 이들은 모두 죽음을 앞두고 삶의 의미를 노래한 것이다. 죽음을 맞이할 사람들, 죽음으로 떠나보내고 남겨질 사람들, 죽음으로 고통을 받을 사람들, 죽음으로 고통을 끝낼 사람들 이야기다.

　하지만 박시태와 김영자를 위한 네 개의 노래는 그들 자신의 삶과 서로에 대한 존중이 담겨 있는 노래들이다. 첫 번째 노래는 김영자가 가장 고통스러운 시기에 박시태의 삶을 노래한 것이다. 두 번째 노래는 박시태와 김영자가 그들 자신의 삶을 어떤 것으로 받아들였는지 보여주는 찬송시이다. 세 번째 노래는 그들이 교회 생활을 어떻게 실천하였는지 알게 해주는 노래다. 네 번째 노래는 김영자가 박시태 9주기를 맞이하는 어느 날에 노래한 시다. 이 네 가지 노래는 그들의 삶을 표현한 것이다.

첫 번째 노래 : 사랑은 불의를 보고 기뻐하지 아니하고 진리와 함께 기뻐합니다(고린도후서 13장 6절)

> 나는 내 눈물의 기도와 정성이
> 하나님을 움직일 것이라는 믿음으로 살았다.
> 그 많은 분들의 도움과 위로가
> 뼈에 사무치도록 고맙고 감격했지만,
> 그 서러움과 외로움을,
> 서글픔과 허망함을
> 누가 감히 이해할 수 있었을까?
> 오십 평생 하루도
> 손에서 책을 떼어 놓지 않고 살아왔는데,
> 이 많은 책들을 어찌 두고 갈 수 있단 말인가?
> 나는 통곡하고 울부짖었다.
> 하나님, 내게서 모든 것을 앗아가시더라도

12

내 남편을 살려 주소서.
얼마나 진실하게 살아왔는지를
주님께서 아십니다.
항상 지면서 살아왔고
순한 양과 같이 부드럽고 겸손하게 살아 온
내 남편, 반드시 병을 이기고 일어나게 하소서.

(김영자의 글)

두 번째 노래 : 약한 자 힘주시고 강한 자 바르게 추한 자 정케 함 이 주님의 뜻이라(찬송가 515장)

사도 요한은
기독교를 널리 그리스 로마의 세계에 전하려고
종래의 유대적인 관념의 옷을 벗고
새로운 용어로 예수 그리스도를 소개했다.
헬라 사람들은
질서 정연한 만물의 근본 법칙이나 원리, 이성을 가리켜
로고스라고 했다.
플라톤이나 스토아 철학도
세상의 모든 것을 결정짓는 것은

신의 로고스라고 했다.

요한복음에서 사도 요한은

'예수가 바로 로고스이다'라고 소개했다.

예수는 하나님의 생각, 뜻, 구원의 계획, 말씀 자체라고 선포한다.

로고스 예수는 하나님의 지혜요 능력이다.

말만 해 놓고 실천하지 못하거나

옳다고 생각은 하면서도 힘이 없는

나약한 로고스 예수가 아니라

성취하시는 능력이다.

(박시태의 글)

세 번째 노래 : 종이든 자유인이든 우리는 모두 한 성령으로 세례를 받아 한 몸이 되었고 같은 성령을 받아 마셨습니다(고린도전서 12장 13절~14절)

교회는 그리스도의 현존이다.

그리스도는 곧 하나님의 현존이기 때문이다.

따라서 교회는 그리스도의 몸으로서

이 역사 속에서 구체적으로 존재한다.

교회는 세상을 등진

12

자기만의 거룩한 곳이 아니고,
바로 이 세상을 위한 존재이다.
교회는 하나님이 뿌리시는 씨앗이
떨어져 싹이 나고
열매를 맺게 하는 목표가 되어야 하며
동시에 교회 안에서도
알곡과 가라지의 공존이
실제적인 문제이며
그러면서도 세상의 것이 아니고
세상 속에 살아가야 하는
인내와 십자가의 길이다.
동시에 교회는
빛나는 소망 속에서 살아간다.

(박시태의 글)

네 번째 노래 : 하나님께서 '빛이 생겨라!' 하시자 빛이 생겨났다.
그 빛이 하나님 보시기에 좋았다(창세기 1장 2절)

태초에 하나님이
천지를 창조하시니라.

이 말씀이 얼마나 좋은가?

빛이 있으라 하니

빛이 있었다.

지금 아침 햇빛이

안방 창문에

따스하게 비치고 있다.

그때 이미

나를 선택하시고

오늘 내가 있게 하신 하나님.

내 인생길에 몇 번 시련을 주셨고

그 시련을 견뎌낼

믿음과 인내를 주셨다.

큰 시련을 겪었을 때

하나님 어찌 내게 이런 일이 있을 수 있습니까?

그런 생각도 했지만

창에 비친 햇살이

내 마음을 즐겁게 해준다.

어제 밤의 불편했던 마음도

지혜를 주셔서

잘 다스리게 하소서

(김영자의 글)

we Secure the Internet 2001년 3월 1일

오늘 부터 경건의 일기를 쓰기 시작
성경 창세기 1장을 읽었다.
태초에 하나님이 천지를 창조
하시니자. 이 말씀이 얼마나 좋은가?
빛이 있으라 하니 빛이 있었고···
지금 막 아침 햇빛이 안방 창문에
산뜻하게 비치고 있다.
말씀 한 마디로 천지를 창조하신
하나님께 감사 드린다
그때 이미 나를 택하시고 오늘
내가 있게 하신 하나님
내 인생 길에 몇번 시련을 주셨고
그 시련을 견뎌 낼 믿음과 인내를
주셨다 큰 시련을 겪었을때
하나님 어찌 내게 이런일이 있을수
있습니까? 그런 생각도 했지만
창에 비친 햇살이 내 마음을 즐겁게
해준다. 어제 밤에 불편 했던 마음도
은혜를 주사 잠 단 쉬게 하소서

김영자의 글_2001년 작성_66세

김영자 50대_1980년대 중반

박시태 40대_1970년대 후반

김영자 60대_1990년대 후반   김영자 64세_1999년 생일에

김영자 20대_1950년대

박시태와 김영자가 결혼식을 했던 의성 도리원교회
_2024년 현재 모습_손녀 희원 촬영

동신교회 강단 부활절 꽃

박시태가 다니던 대구 계성고등학교
_2024년 현재 모습_손녀 희원 촬영

김영자 5주기 추모 음식상_2018년

박시태와 김영자의 묘_포천 동신교회 묘원_둘째 아들 수민   박시태와 김영자의 묘_포천 동신교회 묘원

에필로그

꿈을 꾼 후에

지난 몇 년 동안 항상 나의 마음 한구석에서 사라지지 않는 것은 나의 부모의 삶에 대한 작은 기록을 남기는 일이었다. 하지만 감히 어떻게 내가 부모의 삶을 기록할 수 있다는 말인가? 물론 기록할 수는 있다. 하지만 그것이 주관적인 감정에 치우친 넋두리나 객관적으로 확인되지 않은 이야기로 과잉 포장되거나 찬양되는 수많은 종교인의 책과 어떤 차이가 있을까? 최소한 그런 책이 아니기 위해서는 나 자신이 가능한 한 감정의 응어리들을 덜어내고 또 비워내는 시간이 필요했다. 하지만 시작부터가 실패였다. 조금이라도 쓰기 시작하면 여지없이 내 안에서 감정의 소용돌이가 일어나 방해하였고, 그래서 좀처럼 진전이 없었다.

수없이 썼다가 지우고 또 썼다가 지우고 그래도 잊을 수도 없고, 계속할 수도 없던 몇 년 동안의 뜸 들이기가 계속되던 2024년 2월,

한국 키에르케고어 학회 전 회장님이신 박창균 교수님이 1970년대의 동신교회를 단번에 알아보셨고 나의 부모 이야기를 잠시 들으시고는 평전을 쓰라고 권하셨다. 사진들을 나열하고 메모 형식의 작은 책 정도를 구상하던 내게 '평전'이라는 단어는 마치 명령처럼 나를 얼어붙게 했다. 평전이라니, 내가 감히 어떻게 그런 글을 쓸 수 있다는 말인가? 더군다나 나의 부모님의 평전이라니, 그건 아직 감정적 객관화가 덜 되어 있는 내가 도저히 할 수 없는 일이다. 그런 글은 나의 역량을 넘어서는 일이다.

하지만 봄이 시작되려는 3월의 어느 날 꿈을 꾸게 된다. 아버지와 엄마가 돌아가신 이후 이토록 생생한 꿈은 처음이었다. 두 분은 모두 건강하고 아름다웠던 30대 혹은 40대 초반의 모습이었다. 우리는 여행 중이었는데 외국은 아니었다. 남산 케이블카가 막 설치된 직후쯤의 들뜬 분위기에서 케이블카 탑승을 기다리고 있었다. 엄마는 내게 나직하게 말씀하셨다.

"아빠는 너를 좋아해."

세상의 모든 부모는 자식을 좋아한다. 너무나 당연한 말이다. 하지만 꿈에서 나는 그 말을 듣고 너무나 행복하고 기뻤다. 아빠가 나를 좋아하신다는 것. 그 말을 엄마에게 듣는다는 것. 그리고 꿈을 깨었다. 꿈을 꾼 후에도 그 아늑하고 다정하며 따스한 분위기, 명랑하고 건강하며 활발한 분위기가 내 온몸과 마음 구석구석으로 퍼져 나가고 있었다. 그래, 써야겠다. 쓰기로 결심했다. 이 책을 써보라는 두 분의 목소리를 또 들었다.

1935년에 태어나서 1956년에 의성 도리원에서 결혼하고 서울로 상경한 서울대 종교학과 대학생과 의성 김씨 종갓집 둘째 딸 부부. 두 분의 서울살이가 시작되던 1960년대, 고등학교 교사로 근무하던 시절, 나는 태어나서 자랐다. 1970년대의 교회, 교사, 사립학교와 이북 출신의 유력자들이 모아 세운 교회에서 두 분의 종교인, 교사로서의 삶, 화초의 온실처럼 자라던 나는 두 분의 그 당시의 삶이 그저 당연한 것이고 자연스러운 것이라고 생각했다. 하지만 2024년 지금 그 시절을 되돌아보면, 두 분이 서로 사랑하고 아이들을 키우고 교사로서, 목회자로서 삶을 살아가는 일이 얼마나 엄청난 일들이었는지 알기 시작한다.

이 사진연보집은 어떤 의미가 있을까. 나는 두 가지를 생각한다.

첫째로, 1950년대부터 2000년대 초반까지 한국 사회에서 교사와 그의 아내, 목사와 권사로 함께 살았던 두 사람의 삶을 통해 한국의 교육문화사와 종교문화사의 한 단면을 거울처럼 보여줄 수 있을 것이다. 이 시대의 교육과 종교, 부부와 가족의 모습을 통해 지금 우리의 모습을 반성해 볼 수 있는 계기가 될 것이다. 옛것은 생각보다 훨씬 더 풍요로운 내용으로 지금, 우리의 모습을 되돌아보게 한다. 옛것은 추억의 대상이라기보다 오늘날 우리의 삶의 표준과 기준을 다시 생각해 보도록 하기 때문이다. 나는 특히 교육과 종교 이 두 방면에서 이러한 되돌아봄이 절실히 필요한 시대가 바로 요즘이 아닐까 생각한다.

오늘날의 교육과 종교가 잃어가고 있는 것이 있다. 그것은 물질적으로 부유해지고 제도적인 절차나 장치들이 세분화되며, 교사나 종교인들의 이력이 화려해지는 것에 따른 어쩔 수 없는 부작용의 정도를 넘어서서 심각한 우려를 자아내게 하는 것들 때문에, 더욱 그리워지고 필요해지는 것들이다. 학생과 교사, 그리고 평신도와 목회자가 서로 다른 배타적 시스템에서 동떨어져 가는 오늘날 한국의 학교와 교회의 문화에 이 책의 박시태와 김영자의 삶은 우리가 어떤 소중한 학교와 종교 문화의 전통을 갖고 있었는지 알게 해줄 것이다.

둘째로, 자신의 가족의 삶을 글로 남기는 일이 남아 있는 가족들의 삶에 미치는 힘에 대해서다. 우리는 오래전부터 부모의 행장을 쓰고 읽고 배우면서 가족의 말과 행동, 업적을 문집으로 만들어 온 전통이 있다. 이러한 전통은 후손들이 모범으로 삼고 좋은 삶을 살도록 응원해 주는 핵심 역할을 하였다. 우리는 생각보다 우리 부모의 삶을 잘 알지 못한다. 우리가 나이가 들어도 어느 한쪽의 측면만이—그것이 긍정적이든 부정적이든—부각되어 파악된다. 자신의 부모의 행장을 기록해보는 과정 자체가 자신의 삶에 대한 지난한 수련의 과정이 된다. 이것은 정말 쉬운 일이 아니다. 하지만 이 과정을 통해, 우리는 가족이라 해도 앞으로 점점 더 각자도생하며 살 수밖에 없는 현대의 삶의 압박 속에서 진실한 응원의 한 줄기를 놓지 않게 해주는 힘을 얻으리라고 생각한다.

  꿈을 꾼 후에, 시작한 이 작은 사진연보집이 아무쪼록 이 글의 내용을 접하는 모든 이들의 마음과 만나게 되기를 소망한다.

2024년 추석날 아침에

박 정 원

° 추모글

박시태를 추모하며

이상륜(계성고등학교 동창)

친구여! 대구 계성고등학교에 함께 다닐 때는 자네의 노래 실력이 대단했었지. 듣는 이들의 영혼을 감싸는 것처럼 토해내던, 순수한 티 없이 부드러운, 그 목소리 다시 듣고 싶으오이다. 친구 자네와 함께한 대학 시절의 자취 생활은 잊을 수가 없어요. 지금은 그 집이 재개발되어 흔적도 없이 사라졌지만, 동대문구 용두동의 마루방은 겨울이면 차가운 공기가 서리로 변하여 자고 나면 콧등은 물론 머리카락까지 하얗게 얼어붙곤 했지. 때로는 추위를 참다못해 한 이불 속에 엉겨붙어 따뜻한 잠을 청하기도 하며 열심히 공부하여 오직 믿음으로 그 어려웠던 시절을 인내하며 버티어 나가던 그 늠름한 친구의 모습, 얼마나 멋진 모습이던가.

_ 박시태 10주기 유고집 『아버지의 선물』에서 발췌

황명주(예일여고 동료 교사, 환일고등학교 교장)

내가 31세, 박시태 선생님이 30세 되던 해인 1965년도에 지금 환일고(당시 균명)에서 새로 인수한 예일(당시 문성) 학교로 함께 전출 발령을 받고 부임했다. 예일학원에 내가 '교무부'를, 박시태 교사가 '학생부' 책임자를 맡아 새롭게 출발하는 예일 교육을 담당하던, 글자 그대로 죽마지우였다. 박시태 학생부장은 온유하고 겸손하며 매우 친절하셨다. 학생들에게 호통을 치며 무섭게 군림하는 분이 전혀 아니시다. 박시태 선생님은 서울대를 나온 수재로서 성경은 물론 철학, 심리학, 영어, 독어 등 매우 다방면으로 박식한 분이다. 그러나 결코 누구 앞에 나서거나 드러내지 않았다. 나는 종종 성경에 대한 난해한 내용을 그에게 의논해서 해답을 얻고는 했다. 박시태 선생님과 같은 분이 있었기에 예일이 단시일 내에 전국적으로 명성을 떨치는 기적 같은 성장이 있었다고 나는 생각한다. _박시태 10주기 유고집 『아버지의 선물』에서 발췌

안기학 (장로회 신학대학 동기)

장로회 신학대학 69회 동기생, 그중에서 세 사람의 동기가 있었지요. 박시태 목사님과 나와 장남표 목사였지요. 나이도 지긋한 늦깎이 신학생, 거기다 재주 피울 줄 모르고, 근면하고 성실했던 사람들, 그리고 경건하고 진실하게 살려는 사람들이었지요. 서울대 종교학과를 졸업하고 신학교에서 만난 당신은 과묵하면서도 겸손했고 얼굴에 늘 미소를 잃지 않았었지요. 그때 세 사람 모두 자녀를 몇 남매 둔 가장이기도 했지요. 그래서 젊은 다른 학생들과는 달리 신학교에 다니면서도 밤에는 학교에 가서 강의를 했고 늘 피곤했었지요. 그러나 신대원(M.Div)을 졸업하고 목사가 되면 누구보다 진실되고 충성된 하나님의

종이 되겠노라 다짐했었지요. 그런데 지금 당신은 하늘에 있고 나는 땅에 있군요. 동기들이나 가족들이나 교우들 그리고 제자들이 모두 당신에 대한 기대가 컸었거든요. _박시태 10주기 유고집 「아버지의 선물」에서 발췌

최덕하(동신교회 신우, 동신교회 장로)

 박시태 목사님과는 동신교회 초창기부터 중고등부 교사로 함께 학생들을 가르쳤고, 1968년에 집사가 되신 후에는 제직으로 함께 봉사하였다. 서울대학교 문리대학 종교학과를 졸업한 우수 학력으로 당시 환일고등학교에서 영어와 성경을 가르치는 교사로 봉직하면서, 그때 같은 교사 직업을 가진 것이나, 대학 시절 극심한 고학을 하면서 졸업을 한 것이나, 서울대 동창인 것 등 2중 3중으로 서로 비슷한 인생길을 걸었기 때문에 남다른 가까움이 있었다. 박시태 목사님은 늘 김세진 목사님을 흠모하였다. 김세진 목사님께서 어느 날 박시태 집사에게 신학대학을 가도록 권유하신 데에서 목사로 헌신할 결심을 구체화한 것으로 안다. 신학교를 졸업한 분들이 자기 출신 교회로 부임되는 것은 매우 드문 일이지만 박시태 목사가 졸업 후 1979년 1월 1일 우리 동신교회 부목사로 부임한 것은 모든 요건이 적합했기 때문이다. 박시태 목사님은 심방부를 전담하여 교인들 가정을 일일이 심방하였다. 1979년 교인 수가 1천4백 명에서 매년 5%씩 증가하여 1984년에는 2천 명의 급속한 증가를 보게 되었다. _박시태 10주기 유고집 「아버지의 선물」에서 발췌

박시태와 김영자 가족과의 귀중한 만남을 기억하며

김석주(전 동신교회 고등부 교사, 현 마장제일교회 원로목사)

내가 한국교회 초교파 신문인 크리스찬 신문사 기자로 근무할 때다. 이 신문사 사장이 동신교회 시무장로인 이창식 장로님이셨는데 동신교회 고등부 교사로 봉사해 달라는 권유를 받고 동신교회에 출석하게 되었다. 교회 등록하는 주일부터 고등부 교사로 봉사했는데 마침 그날 박시태 목사님께서도 동신교회 부목사로 첫 부임하신 주일이었다.

그때 박시태 목사님의 딸 박정원을 만났다. 박시태 목사님의 둘째 아들 박수민도 내가 가르치는 반 학생이었다. 어느 비 오는 주일에 예배를 마치고 버스 정류소까지 가야 했지만 우산을 준비하지 못한 내가 주춤거리고 있었다. 그때 교회 내 사택에 살고 있었던 박정원이 멀리서 그것을 보고 얼른 우산을 들고 와서 버스 정류장까지 바래다주었던 그 고맙고 따사함을 아직도 기억한다. 박정원이 대학 학력고사에서 서울대학교에 입학할 수 있는 높은 점수였는데 '사회생활 할 때 여자 선후배가 있는 여대에 가는 것이 좋다'라고 아버지가 권유해서 이화여자대학교에 입학하게 된 연유를 박시태 목사님으로부터 들었던 기억도 난다.

동신교회에서 전체 교인들이 매달 읽을 수 있는 소식지(교회신문)를 발간하기로 하고 지동소 장로님(당시 정신여고 교장, 동신교회 고등부

부장)과 함께 편집회의를 하면서 첫 번째로 박시태 목사님 사택을 방문하여 인터뷰를 하기로 결정했다. 그 당시 박시태 목사님은 암으로 투병 중이셨다. 교회 뒤편 작은 사택 창문에는 추위를 막기 위해 비닐을 치고 햇볕 들어오는 마루 쪽에 누워 계시는 박시태 목사님을 만났다. 얌전하시고 전형적인 한국 여인상 같으신 김영자 사모님이 우리들을 밝은 웃음으로 맞아 주셨다. 김영자 사모님을 그때 처음 뵈었다. 나는 인터뷰하는 동안 박시태 목사님의 삶과 그 철학과 가정을 한꺼번에 알 수 있는 기회가 되었다.

그 후 나는 동신교회를 떠나 과천교회 청년담당 파트타임 전도사로 부임했다. 동신교회를 떠난 후 얼마 지났을 때 박시태 목사님이 건강이 좋지 않아서 동신교회를 사임했다는 소식을 들었다. 내가 섬겼던 과천교회 담임 목사님에게 박시태 목사님을 소개하고 부탁했더니 기꺼이 허락하셔서 박 목사님이 교육 목사로 부임하셨다. 또한 내가 아는 신학교 설립자와 이사장들에게 강사 자리를 부탁했다. 그래서 박시태 목사님이 방배동에 있는 총회신학교(현재 백석대학교)와 광화문에 있었던 피어선신학교(현재 평택대학교)에 강의를 맡아 제자들을 가르치시게 되었다. 그리고 한국교회 문서 발행 연합단체인 대한기독교서회에 부탁해서 영문책자 번역도 했었다. 그렇게 건강하지 못한 몸으로 여러 가지 활동을 하셨는데 어느 날 갑자기 세상을 떠나셨다는 소식을 접하게 되었다.

김영자를 추모하며

김성자(사촌 언니)

그립고 보고 싶은 영자야! 네 딸 정원이한테 "엄마의 어린 시절을 알고 싶다"는 전화를 받고 기특한 마음이 들어 선뜻 대답을 하고 보니 어릴 때는 너는 도리원 가문 있는 종갓집 둘째 딸로 교회 열심히 다니는 귀여운 모습밖에는 아는 것이 아무것도 없더라.

초등학교 다닐 때 방학에 도리원의 큰댁에 놀러 간 기억이 나는데 네가 대야에 수건 몇 개를 담고, 집 뒤 개울에 갈 때 따라간 기억, 큰어머니(김영자의 어머니)가 호박범벅을 해주신 기억, 하얗게 한복을 입으시고 갓을 쓴 할아버지의 온화한 얼굴 모습이 기억나는구나!

네가 여고 시절 안동 기숙사에 있을 때 나와 편지 왕래를 하며 지냈던 기억이 있단다. 우리는 사촌지간이지만 친자매보다 더 가까운 친한 친구였지. 너는 교회는 열심히 다녔지만 목사 사모는 되고 싶지 않다고 말했었는데 결국 목사 사모가 되었지. 너의 귀한 딸 정원이가 엄마의 삶이 담긴 책을 내겠다고 하니 너는 참 평화롭게 잘 산 인생이었구나 싶다.

부모님을 추모하며

박형민(큰아들)

부모님의 헌신과 사랑 덕분에 나는 어린 시절 일상의 풍요와 행복한 감정들을 느끼며 성장할 수 있었습니다. 아버지는 주말에 자주 피아노를 치시며 독일의 전통 민요 '보리수(bolle reiste jungst zu Pfingsten)'를 노래하셨는데, 생각해 보면 아버지의 노래는 성악가 수준이었습니다. 그리고 온 가족이 모두 함께하는 날에는 집안 가득히 클래식 음악이 퍼졌고 어머니가 만드신 맛있는 음식과 함께 가족 모두가 즐거운 시간을 보냈던 기억들이 있습니다. 아버지는 가족들 앞에서 한번도 다른 사람에 대한 평가나 비난의 말을 하지 않으셨습니다. 어머니는 가정뿐 아니라 교회에서도 헌신적인 봉사를 하셨습니다. 목사 사모로서 맡은 바 임무를 성실하게 수행하셨고 교인들과도 원만한 관계를 유지하셨습니다. 시간이 흐를수록 두 분을 통해 내가 이 세상에 존재하게 된 것은 하나님의 특별한 축복이자 행운이라는 생각을 하게 됩니다. 이 세상에서 두 분의 아들로 태어나 함께 한 추억들은 내 인생에서 가장 소중한 순간들이었고, 내게 두 분은 인생의 가장 중요한 멘토이며 그 영향력은 평생 계속될 것입니다.

˚ 박시태(1935~1992)와 김영자(1935~2013) 연표

박시태와 김영자
1935~1953 : 10대

1935년 (박시태)	4월 1일 일본 나가사키현(원폭투하지역) 근교에서 출생하다. 일본 내에서 기독교 전파 지역으로 박시태는 어린 시절 기독교 신앙을 받아들이다.
1935년 (김영자)	10월 3일 경북 의성군 봉양면 의성 김씨 종갓집 둘째 딸로 출생하다. 김영자는 유교 양반교육을 받았으나 스스로의 선택으로 기독교 신앙을 받아들이다.
1950년 (박시태)	해방 이후 귀국하여 경북 의성군 봉양면에서 거주하다. 대구 영신중학교에 다니다.
1952년 (박시태)	대구 영신중학교 졸업하다. 대구 계성고등학교 입학하다. 문화교회에 출석하다.
1953년 (김영자)	도리원 초·중학교를 거쳐 안동 소재 미국 선교사가 설립한 서양식 기숙학교인 경안고등성경학교(경안 대학원 신학교의 전신)에 입학하다. 집을 떠나 안동에 나와 기숙사에서 공부하다.

박시태와 김영자
1955~1963 : 20대

1955년 (박시태)	대구 계성고등학교 졸업 후 성악 전공의 꿈을 접고 목사가 되겠다는 서원으로 서울대학교 문리과대학 종교학과에 입학하다.
1956년 (김영자)	경안고등성경학교 졸업하다. 도리원 초등학교, 도리원교회 주일학교 교사, 오르간 반주 등 음악활동에 두각을 나타내다.

1956년 (박시태-김영자)	경북 의성군 봉양면 도리원 교회에서 결혼식을 올리고 신부 김영자의 자택에서 피로연 하다.
1957년~1960년 (박시태)	결혼 이후에도 대학생 신분으로 서울에서 입주 가정교사 생활로 학업을 계속하고 군대에 입대(1958년)하여 학보병으로 제대하다.
1957년~1960년 (김영자)	결혼 후 박시태가 군 제대할 때까지 친정과 시가를 오가며 지내다.
1960년 (박시태-김영자)	서울 성북동에 방 1칸짜리 월세방을 얻어 부부가 함께 살기 시작. 처음에는 짧은 기간 시부모까지 네 식구가 방 1칸에서 함께 살았다.
1961년 (박시태)	서울대학교 문리과대학 종교학과 졸업하다. 서울대학교 문리과대학 대학원 석사과정 입학하다. 균명학교(환일고등학교 전신) 교사로 재직하다. 큰아들 형민 태어나다.
1963년 (박시태)	서울대학교 문리대학 대학원 석사 학위 취득하다. 박사과정 진학하다. 큰딸 정원 태어나다.

박시태와 김영자
1965~1974 : 30대

1965년 (박시태-김영자)	서울 전농동에 방 2칸짜리 월세방으로 이사하다. 둘째 아들 수민 태어나다. 문성여자상업고등학교(예일고등학교 전신) 학생주임으로 재직하다.
1967년 (박시태-김영자)	막내아들 창민 태어나다. 동대문구 창신동 소재 동신교회에 출석하기 시작하다. 큰아들 형민 초등학교 입학하다.
1968년 (박시태-김영자)	동대문구 답십리동 독채 전셋집으로 이사하다.
1968년 (김영자)	피아노 레슨을 시작하다.

1970년 (박시태-김영자)	은평구 구산동마을 집(30평대)을 구입하여 내 집 마련을 하고 마당에 나무와 꽃을 심다
1970년 (박시태)	예일여자고등학교 학생주임으로 주간과 야간에서 영어와 성경을 가르치다.
1970년 (김영자)	피아노 레슨 계속하다. 딸 정원 피아노 배우기 시작하다.
1974년 (박시태)	고등학생 시절 목사가 되겠다는 서원을 지키기 위해 장로회신학대학 신과에 입학하다. 예일여고 교사와 함께 필동 소재 승동교회 전도사로 활동하다. 형민(아들) 중학생, 정원(딸)·수민(아들)·창민(아들) 초등학교 재학.

박시태와 김영자
1976~1984 : 40대

1976년 (박시태)	장로회신학대학 신과 최우수 졸업하다. 대한예수교 장로회 총회 목사고시 합격하고 서울 동노회 목사 안수받다.
1977년 (박시태)	예일여고 교사와 함께 동신교회 고등부 지도목사로 활동하다.
1979년 (박시태)	동신교회 부목사로 재직하다. 동신교회 목회자 사택으로 이사하다. 예일여고 교사 사직하다.
1981년 (박시태-김영자)	형민·정원 대학 재학, 수민·창민 고등학교 재학.
1983년 (박시태)	췌장암 말기 판정(최고 연명 기간 3개월) 선고받다.
1984년 (박시태)	동신교회 부목사 사임하다. 동신교회 목회자 사택에서 나와 구산동 마을 집으로 다시 이사하다.

박시태와 김영자
1987~1994 : 50대

1987년~1991년 (박시태)	과천교회 교육목사로 재직하다. 둘째아들 수민 군복무 마치고 제대하다. 모친과 부친 세상을 떠나다.
1988년 (박시태-김영자)	딸 정원 약혼과 결혼하다. 막내아들 창민 대학 재학 중 휴학하고 군복무 시작하다. 큰아들 형민 대학 졸업을 앞두고 취직하다.
1989년 (박시태-김영자)	구산동마을 집 재건축하다.
1989년~1990년 (박시태)	피어선 신학대(평택대 전신), 총신대(방배동)에서 교회사와 조직신학을 강의하다.
1992년 (박시태)	1월 13일, 세상을 떠나다. 열흘 후에 손녀 희원 태어나다.
1994년 (김영자)	딸 정원 서울대 대학원 석사과정 입학하다.

박시태와 김영자
1995~2002 : 60대

1995년 (김영자)	동신교회 권사 취임하다. 동신교회 목사 사모에서 권사로 다시 출발하다. 막내아들 창민 대학 졸업하다.
1996년 (김영자)	회갑 기념으로 동신교회 성지순례 여행 다녀오다.
1997년 (김영자)	막내아들 창민 결혼하다.
1998년 (김영자)	딸 정원 서울대 석사 학위 취득하다.

1999년 (김영자)	큰아들 형민 결혼하다.
2002년 (김영자)	박시태 10주기 유고집 『아버지의 선물』 출간하다. 국립의료원 스칸디나비아 뷔페에서 출간기념 예배와 축하 행사하다.

박시태와 김영자
2006~2013 : 70대

2006년 (김영자)	칠순 기념으로 동신교회 교우들과 북해도 여행 다녀오다.
2007년~2009년 (김영자)	동신교회 루디아 여전도회 총무, 부회장에 이어 회장으로 선출되어 봉사하다.
2013년 (김영자)	10월 5일, 세상을 떠나다. 포천 동신교회 묘원에 박시태와 합장하다.